Título: Género Humano
Autora: Isla Correyero ©2014

Editado por Inspirar-Expirar Ediciones
© Isla Correyero 2014
http://inspirarexpirare.blogspot.com.es/

Diseño cubierta y maquetación:
© Luisa Navarrete 2014

Todos los derechos reservados. No está permitida la reproducción total o parcial de este libro, ni su tratamiento informático, ni la transmisión de ninguna forma o por cualquier medio, sin el permiso previo y por escrito de los titulares del copyright.

Depósito Legal edición digital MU-21-2014
Depósito Legal edición impresa: MU-22-2014
ISBN-13: 978-8461677672
ISBN-10: 8461677676

# Género Humano

Isla Correyero

# Diario de una enfermera

*A la memoria de mi
vertiginoso padre,
cuyo espíritu habita
en las páginas de este libro.
Siempre, siempre.*

*"La enfermedad, ciertas enfermedades, pueden convertirse en un valioso instrumento para una mayor evolución de la consciencia, desplegando un afecto incondicional hacia todas las criaturas y, finalmente convertir la enfermedad en un camino de auto desarrollo espiritual"*

Ramiro Calle

## 28 de septiembre de 1993

Inclino la cabeza para que nadie sepa que ya no soy humana.

Debemos pasar inadvertidos.
Todos los enfermeros provenimos de una raza de autómatas.

Afuera, llueve sobre la Clínica.
Un polvo pegajoso, negro y denso, cubre los coches y los impermeables.

Dentro, cada gramo de antibiótico es aplicado con indiferencia.

Un buscador de oro recorre la zona de los mortuorios,

Los científicos vacían a los animales.

Ya no conozco a nadie que pueda ser humano.
¡Hay tanta muerte y tanto olor a muerte!

Esta mañana han enterrado a un mono y a un hombre...
Aquí sólo existe la lluvia negra de la muerte en los pasillos.

# 6 de octubre de 1993

He visto el dibujo de la enfermedad y el ramo verde de su rigurosa manifestación, pero no sé en quién está encerrada.

Hay un velo dichoso en la sonrisa de los sanos que se vuelve oscuro en un momento y algo empieza a caer, a perseguirnos, a limitar el punto de la parte herida.

De pronto, el corazón, el hígado, la sangre, el útero, la piel, el áspero ronquido de la voz, la pierna, los riñones, la cabeza.

¿De dónde viene el débil silencio que aparece rodeando la dulce anatomía de un destino humano?

Caemos a la terrible enfermedad sin el aviso soberano de una luz.

¿De qué impasible órgano imperfecto nos llega la primera noticia de la muerte?

¿A quién le tocará la sombra fría de esa interrogación que crece y crece?
¿Cuándo es la hora fatal de los cuchillos?

¿Dónde se acercarán con su acidez?
¿A quién las placas veloces de la desesperanza?

¡Ah desvalido cuerpo, carne, qué poderosa y cierta es la infinita enfermedad, y qué ajenos huimos!

## 11 de octubre de 1993

Dos guardias de seguridad hacen su ronda
minuciosa por los pasillos blancos de la clínica.

Van pasando de un control a otro,
de una enfermera a otra,
experimentando unos instantes de poder y de
heroísmo.

Su sueldo no incluye la pasión por el contacto
plateado con los moribundos.
Sus uniformes nunca estarán manchados.

Van pasando de una niebla a otra,
cerrando las farmacias,
oliendo la noche y los alientos,
cazadores de carne,
antinaturales inquilinos de este espacio
fantasma.

Ellos aún no conocen la descarnada figura de la
muerte
cuando viene de espaldas, dura,
por el pasillo.

Caerán cierto día en la cama de alguna
habitación, transformado el uniforme en pañal de

celulosa y moverán las varillas de la cama
pidiendo
sangre y agua,
su viejo revólver del pasado,
el poder y el vigor
que esta noche detentan.

## 14 de octubre de 1993

Mi hijo de diez años me ha preguntado para quién escribo.

Mi palabra sale de la afonía de un guardia, de un sufrimiento crónico.

Escúchame, Paolo, yo quisiera escribir para todos los que sufren en esta larga galería de la muerte. Para los que lloran por el clima y desfallecidamente caen entre las sábanas mojadas.

Para las madres que nunca acaban de perder al hijo estremecido y permanecen a su lado las horas eternas de las tinieblas.

Escribo para los ancianos sin sucesión ni campos de manzanas que llaman solitarios a los timbres temblando por su incontinencia.
Para el bálsamo de su inmovilidad escribo en el lavatorio de sus heces.

Escribo, Paolo, para las alas fosfóricas de la guadaña que pasa cada noche sobre el piso noveno y deja caer su cucharón de palo para comerse al más ausente.

Para los hijos, escribo, los hijos que fuman los cigarros amargos a escondidas y lloran lágrimas nerviosas porque aún no han accedido a la soberanía de la enfermedad.

Para las hermanas levísimas que besan en los labios y en los dedos la amarilla delicia de la fiebre de su hermano.

Dulce niño que no comprenderás ahora estas palabras que levanto:

Para los enfermos atados a las camas que ven las rápidas transformaciones de la luna y las tortugas.

Para las esposas continuas que sólo van a casa a lavarse el olor y la vertiginosa lucidez de los zumbidos.

Escribo, Paolo, para el amante que no podrá entrar a besar a su amado y que sufre llamándolo, sin volver: amor mío, amor mío.

Escribo, Paolo, para valorar el trabajo de las limpiadoras que renuevan el hospital y el ruido de la orina.

Para los delicados y sorprendentes celadores, las voladoras cocineras, los peluqueros ágiles, los dóciles suplentes.

Para las enfermeras azules de la eternidad y sus ayudantes, los médicos humildes.
Para los estudiantes que vienen a devorar la enfermedad con su infantil y entusiasmado volumen de primero.

Para la misericordia y la paciencia, escribo.

Para declarar que el olor de los medicamentos y las deyecciones precipitan las tragedias.

Para los trasplantados, los locos, los quemados, los absortos en el estrabismo de la muerte.

Querido niño azul, yo escribo para los animales que trabajan en el ovillo de la hierba y nunca acaban de vagar por el animalario.


Y sobre todo, sobre todos los seres de este mundo, yo escribo para él, tú ya lo sabes, para él, que se ha ido en esta primavera y se ha llevado todo mi derrumbado diccionario de la medicina.

## 18 de noviembre de 1993

En la primera práctica de aquellos ejercicios bajé con Esperanza al camino cerrado del que no se regresa.

La cámara de autopsias era toda de acero y en la mesa un muchacho lavado fríamente.

Resonaba el trabajo con una indiferente profundidad de encierro. El cuello de aquel crio tenía unos cristales en las sogas de plástico.

Yo miraba hacia el suelo tratando de olvidar lo que había estudiado.
No puede ser la muerte este espantoso intérprete no puede ser mi estudio una verdad tan cierta.

En aquel mismo instante comprendí que hay trabajos que no tienen antídotos.

## 11 de diciembre de 1993

Cuando llega este tiempo siempre es así.

Siempre es así la sensación de límite junto a esa otra violenta niebla de belleza que me sacude sin poder alcanzarla.

Salgo del sueño en estos días, con los ojos llenos de lágrimas y sombras,
apareciéndoseme los hundidos rostros de los que se fueron en las claridades temblorosas de la madrugada.

Aquellos plateados muertos que caían al amanecer y envolvíamos percibiendo que regresarían.

O aquellas otras lágrimas de las enfermas
y sus hijos,
de las hermanas medio dormidas
encima de las mantas,
en el suelo,
pidiéndome, infinitamente tristes,
que les retirase la tortura de la noche y la muerte.

Está tan lejos todo y, sin embargo, cuando me llega este tiempo de dolor,

no hay distancia en mi noche ni en la suya.
Sigo reviviendo las convulsiones del amanecer, la expresión alarmante de los rostros, los envueltos cadáveres que vuelven destruyendo el metal y las sábanas

más acá de los muros.

## 13 de diciembre de 1993

Pasan cosas terribles y sagradas en los bosques violentos del quirófano.

Ayer pasó la muerte y el amor por ahí y nos llenó de sangre y nos llenó de rosas.

En esa mesa fría de acero inoxidable cayó la imperfección de la niña operada.

Se fue su calidez de bella de 1.000 años,
la lluvia de su pelo bajó a un baúl de pino, se fue de entre las manos de un equipo de médicos que intentaron la vida de la dulce estudiante.

Todo quedó parado y lleno de despojos:
guantes, gasas, agujas, los restos de la lucha que produce el quirófano.

Una hora más tarde todo pertenecía al reino de la asepsia.

Dos amantes vinieron a yacer en la misma mesa de operaciones.
El alma de la niña aún estaba en el aire.
La lluvia del cabello de la bella enfermera bajó hasta la lejía del suelo, destinado.

Y el cuerpo del amante fue azul oscuro y recto como si hubiese entrado en un baúl de sangre.

Aquí la lúcida
facultad del amor y la muerte se acoplan en el mismo espacio turbulento.

## 17 de diciembre de 1993

Cuando paso por los pasillos limpios de ginecología veo a las mujeres desnudas y sin pechos sobre las blancas camas.

Todas vivas aún bajo la malvada inocencia del cáncer,
rodeadas de flores y pasteles se disuelven en la luz de la tarde
mientras la masa indefinida de la enfermedad va creciendo como miles de seres sin conciencia ni frío.

Mi oscuro corazón de cansada enfermera va cerrando las puertas de sus habitaciones.

La muerte sigue también detrás de mí.

Una mano me alcanza:

¿Señorita?

## 31 de diciembre de 1993

Hemos preparado una mesa ovalada,
como una isla blanca, en el centro transgresor de
la UVI.
El mantel son dos sábanas del hospital que aún
tienen los bramidos del dolor.

No han podido el etanol ni el agua arrebatar de la
tela la poderosa microbacteria de la muerte.

Así que sobre ellas están los vinos y los canapés,
el marisco y el cerdo con ciruelas.
Las velas son azules.

Los enfermos de las costas de la nieve respiran
por sus aparatos imaginando que también ellos
están invitados al banquete.

La música declara esta noche de fiesta.

Ven pasar nuestros rostros maquillados y sueñan
con bailar una pieza inquietante y oscura,
vestidos de etiqueta, felices y más jóvenes.

Los mansos alejados de este mundo confunden
nuestras batas sintéticas con terciopelos blancos,

y aún tienen el aliento de esperar la caricia de una bella nocturna.
Nosotras, melancólicas, comemos y bebemos dulcemente embriagadas y un monitor vencido nos da cuenta del final de un muchacho.

Las doce campanadas resuenan en la UVI con un tono alterado de medallas estáticas.


Después de la última uva dorada de este año daremos a los padres del cadáver la noticia terrible.


Pero antes brindemos con el cava
por las próximas horas felices que pasaremos sin la cruz de la muerte.

## 4 de enero de 1994

El convaleciente dolorido escucha la radio durante toda la noche.

En sus brazos artríticos cae la sábana y la luz del piloto.

El olor de la enfermedad ha traspasado el aire y es ya una rutina en la nariz y en la cabeza.

Bebe del zumo estancado y solicita un analgésico.

La enfermera de guardia retrasa la solicitud porque no quiere admitir el dolor del enfermo.

Después de pedirlo cinco horas,
la enfermera llega soñolienta hasta él.

"Toma, y no te acostumbres a mis concesiones".

El dolor dejará paso a una inmensa tristeza.

La enfermera se toma dos analgésicos azules.

## 5 de enero de 1994

Con una lágrima de luz amarilla al fondo de los ojos la mujer, desnuda, no obstante cubierta con la sabanilla, sentía la exploración del ginecólogo, abajo, descubriendo la mística clausura del bebé.

"Señora, su embarazo resulta ser un algo luminoso y animal, como paloma o mariposa o ángel, especialmente leve y algo líquido".
"Mi mano entra en usted y es dulce la percepción del ser que le acompaña".
"No quiero el guante, no, debo tocar más desnudo y cierto su línea de arcoíris".

"Asómese, enfermera, fluye niebla y dolor de esta vagina".

"¡Qué profundo es el velo que percibo! ¡Qué infantil agitación recuerdo de belleza y regresión! ¡Qué tejido celeste y solitario posee la criatura!"

"¿De qué iluminación guardiana es este hijo?"

"Señora, no se levante hasta el noveno mes de esta camilla".
"Déjeme comprender sus lágrimas de fuego".
"He quedado dócil de memoria y ciego con el fulgor"
"Acepte toda mi fortuna".
"Acepte toda mi tímida necesidad".

## 8 de enero de 1994

*Para Ana Rossetti*

Es misterioso ver morir a un niño enfermo.
(La piedad no existe para quien observa la belleza).

Su corazón continúa deslumbrando la cama. Durante el dulce ejercicio del pecho desnudo, la boca contiene una profunda sombra que alienta todavía.

No pesa nada un niño cuando se está muriendo. Es una leve pluma que va cayendo a un patio y, como cae la nieve, se aposenta en la noche.

¡Ah pequeño empujado! ¡Rey deshaciéndose, valientemente serio!

Tus lívidos temblores aún están recibiendo las palabras queridas. Tus dedos casi azules quieren tocar el aire.

Por obra de la luna un almendro florece.

Al lado de la cama ya hay vibración de hierba.

El polvo de la muerte te ha cambiado los ojos y caes, sin movimiento, al último latido.

(La piedad no existe para quien estudia la belleza).

## 16 de enero de 1994

*Para mi hermano*

Tiene en la mano una mano cortada y diminuta que contiene un riñón diminuto como un huevo rojo y humeante.

Una mano de niño en otra mano de niño y un riñón radiante de silencio sostenido por el corazón sin dolor del asesino.

Ésta es la escena más triste de la muerte.

Ésta es la señal más rara de la infancia.

¿Qué sabemos ya de la debilidad y sus venenos?

Está cubierto el sol y el niño parece una serpiente poniendo un huevo de serpiente con el culo desnudo y los labios de niño diluidos por mi lápiz que no sabe escribir la diferencia entre un muerto y otro muerto, entre un azul cadáver y un cadáver muscular que mueve la mano y la cabeza y que sostiene una mano mutilada con el propio riñón dentro de unos dedos sin los movimientos infinitos de la felicidad o la tristeza.

¿Qué corazón está detrás del riñón del niño vivo que mira dulcemente la profundidad de la morfología y no sabe absolutamente nada de los seres humanos o de la vergüenza que sentimos los que somos inútiles?

Sobre los azules párpados del niño se detiene la frialdad de una cadena.

## 19 de enero de 1994

Como un fantasma incrédulo, entre las amapolas de la sangre esparcida, trabaja en el aceite de la oración para tocar al hombre que muere blasfemando.

Nosotras diligentes, recogemos las bolsas, las sábanas manchadas.

Todo el instrumental, cegado por la sangre.

La habitación parece un campo de batalla devastado y funesto.

La voz del sacerdote se extiende por el aire y nombra al moribundo con esa última voz con que se nombra a un hombre.

Seguimos trabajando.

Olor a territorio ganado por las líneas. Olor a campamento.

La limpiadora accede. Debe estar todo listo para las nueve y media.

El sacerdote cierra los ojos del pecado.

Como un fantasma muerto se extingue en *"Brillal"*.

## 2 de febrero de 1994

¡Ah dulce criatura de 17 años!
¡Ah dulce enfermo hueco de 37 kilos!, que ya estás bordeando la madura ascendencia de la muerte.

Verte tan triste como la mariposa azul que vigila tus ojos es para todos los que te cuidamos un dolorido y materno viaje hacia los bosques.

¡Ah bella criatura de palidez extrema, frente cargada de todo el universo, dime qué muda preocupación te hunde los hombros en las almohadas y te tiene, hermosísimo, en esa condenada postura de inocente!

Por tus labios de niño que siempre ha estado enfermo sólo sale una curva de amarilla paciencia y, aquí, en el hospital, nos arrojas miradas de divino extasiado.

¿Qué ves tras los cristales turbios de la ventana? ¡Qué cárcel es esta pequeña habitación a donde sólo llega el soplo cansado de tu oxígeno!

Así, peinado, sin un solo cabello, no hay confusión posible de no alcanzar tus venas...

Una sonrisa oscura, una preciosa máscara de ciervo encadenado nos muestras cada día...

Y te oímos, a veces,
presos, desnudos, tristes tus furiosos testículos.

## 17 de febrero de 1994

Es un embrión varón el ser que extrajeron los médicos

Sabemos que crecerá con una luz violeta en una máquina y que su madre vendrá todos los días.

Sabemos que el corazón pequeño del durmiente está agitado como una nube negra y que se chupa el pulgar y juega con los líquidos.

Tiene un ojo sin párpado con sueños estelares y centellea su piel como la de los peces.

Sabemos que domina el blanco en su cabeza y un manantial azul resuena en su cianosis.

Sigilosamente, alguien desconecta la máquina y la luz.

Ha muerto dulcemente envuelto en unas heces más negras que la tinta.

Su madre le ha traído un pañal y un trajecito de hombre.

## 8 de marzo de 1994

La enfermera de prácticas llora en la soledad en el cuarto de curas.

Ha muerto una paciente que no debía morir.

Las lágrimas movibles de la enfermera joven resbalan por su pecho como brillantes blancos

Conozco su dolor.

Cierro la puerta y todo se estremece.

La espiritualidad es el don que puede redimirnos.

Me llevo la caja de los bisturís.

## 21 de marzo 1994

La imagen me viene a la memoria como una ráfaga de dolor y de oro.

16 años, Mario, de cabeza pelada, tormenta de amarillo su cuerpo derrumbado,
allí los largos brazos en el suelo, las piernas traicionadas de atleta submarino,
allí, allí, en el suelo del pasillo,
competencia del hueso y la verdadera dureza de la tierra,
el olor confuso y oscuro de la juventud y la belleza confundido con la quieta propietaria de la enfermedad.

Nosotras le tomábamos el pulso y le llamábamos para que regresara del pozo de las lunas.

También el celador tuvo un gesto de amor al recogerlo del suelo
y abrazarlo
para ponerlo en la silla de ruedas y llevarlo a su cama...

¡Qué desmayo arqueado!, colgando la cabeza, esquivando el espacio de la muerte y sus hoces para llegar a los ojos afligidos de su padre y la hermana y abrirse a una visión de estrellas de ceniza.

Era el comienzo de la consecuencia que vendría después de cerrarse la habitación y aparecer la madre absolutamente consumida por el llanto, desgarrada
como un diverso animal que se movía sin saber dónde ir,
buscándose la detención de las lágrimas
y venir hacia nosotras para decirnos, muerta de convicción:

"Se me está apagando como una velita. Se me está apagando…"

## 15 de abril de 1994

Me han elegido para entrar en la muerte de una niña.

La ambulancia transcurre por la carretera con su memoria de meteorito. De Madrid a Gerona nos ganará la noche.

Yo controlo los brazos de la enferma desnuda y reviso el pliegue cabalístico y frágil de su garganta afónica.

El suero cae buscando la vena azul de su radiografía.

Brilla el oxígeno sobre mis guantes blancos y dibuja inscripciones en mi nariz poética.

El misterioso conductor nos mira desde el poniente imán de su espejo difuso.
Los coches que cruzamos van vivos de miradas poderosas.
Se agradece la marcha vigilante que, de pronto, sobre el cristal central,
la nieve nos choca como un sueño.
Yo comienzo a temblar porque mi enferma me ha hecho una caricia sobrehumana.

Sus ojos de dolor de cuatro años están terriblemente abiertos y distintos.

Tengo su mano agonizante y fría sobre mi muslo tenso y absoluto.

Me pide a su mamá, su voz de agua: agua, agua.
Dieta absoluta son ya las lejanas órdenes del médico.

Agua y amor me pide la que muere.

De una bolsa de suero glucosado le doy a la privada criatura un sorbo,
un sorbo lento.
Traga,
traga,
mi amor,
mi amor,
mientras me acuesto a su lado
besándonos, me muere.

La ambulancia prosigue su camino hacia un lugar que no existe en el mundo.

La madre esperará cien noches, aterrada,
en la terraza.

## 16 de abril de 1994

Por todas partes veo bolsas de plástico transparentes con los despojos de la ropa y los zapatos.

Bajan del ascensor o suben, en los pies de las camas, con un nuevo visitante enfermo y tembloroso.

Lejos están sus familias y lejos sus casas.

Acaban de sumergir el cuerpo pálido en esta cama deshecha y pasarán en el hospital todo el invierno.

Aquí no reina la alegría ni la intimidad.

Sólo el color gigantesco de las bolsas de plástico.

## 17 de abril de 1994

Son seres desafortunados.

La enfermedad los hace tristes y orgullosos
y son peores aún los obedientes.

Aparentan comer, pero no comen.
Van dejando rastro de ellos por todas las paredes.

Deambulan susceptibles, por el largo pasillo,
como paseando,
pero en realidad están escondiéndose
de lo que quieren borrar de sus cabezas.

Son seres desafortunados.

No luchan ni leen.

Saben ya que están muertos.

## 17 de Junio de 1994

El perturbado camina por el pasillo con una vela en la mano. Entre la velocidad y la luz de su paso se ven sus lágrimas azules.

Desviado del mal su voz es indefensa.

Rodeado de moscas blancas, encerrado en su círculo,
camina toda la noche por el hospital,
mientras la cristalina luz de la inocencia le protege.

## 2 de julio de 1994

Llegaron los gitanos.

El hospital se encoge de puertas y guardianes.

Vienen con la Palabra exacta de su etnia.

La que debe cumplirse desde hoy hasta 100 años más.

Transportan a su enferma con amor y rudeza.

La mujer aparenta unos 50 años y 34 hijos. Como flor de mimosa se mueve protegida.

Llama a sus hijas y a su hijo más joven les habla con sonrisa dramática caquéxica. No deja a su marido acercarse a su cuerpo. Desnuda y sudorosa sólo a las mujeres les permite tocarla y hacer su intimidad.

El pudor es lo único que le queda en el mundo. Su páncreas invadido por el cáncer palpable la llena de una espesa tormenta sin acústica.

10 o 20 gitanos ansiosos hundiendo sus anillos y cadenas de oro como esparciendo el brillo de un

poder necesario que pudiese comprar la vida por la muerte o trocar la ictericia por sus bestias de carga ...

Les decimos que pasen de uno en uno para ver a su enferma. Obedecen con lágrimas de gratitud y orgullo. "Sí Señoras, lo que ustedes nos digan".

La enferma acepta absorta todo el mal que le hacemos. No dice una palabra. No se queja jamás.

Sólo se tapa con tímida sonrisa la vulva y los pezones. Dice que su marido nunca la vio desnuda.

Ni la muerte
Alba nuestra
te encontrará desnuda:

Yo me encargo.
Tranquila.

## 8 de Julio de 1994

Me dice una paciente ingresada en la 12 con ojos angustiados llévame por favor a la huida frontera de mi felicidad.
Dame calmantes todos los que se puedan.
Acércame a mi esposo.
Llámalo
dile que necesito que mame de mis pechos como mamó mi hijo. Él lo comprenderá.

No creo que se niegue a mi último ruego, aunque ya esté con otra.

Háblale como sea.
Dile que estoy tranquila.

Riégame con ese perfume de *Bvlgari*...
Y dame los calmantes por favor.

En la mesilla tengo mil euros para ti...

## 25 de julio de 1994

Hoy, al terminar mi turno me he dejado en la 11-1 a Violeta muriéndose.
Cuando vuelva mañana ya no la veré

Ya no estará allí esperándome en su silla anhelando que le haga una caricia leve.

Las puntas de sus dedos están profundamente azules.
Sus pechos y rodillas, están morados como las túnicas de los encapuchados de la Semana Santa.
Me pedía que llamase a sus hijos y yo le pregunté por qué.
Ella contesta que ya no puede más.
Ha sido la forma más sensata y dulce de decirme que se está muriendo.
Y ella se está muriendo de la forma más desgarrada conmovedora y lenta.

Pasadas unas horas,
vuelvo a su habitación y la veo extasiada.

En su incoherencia ve una inmensa luz y dice que la apague.
Apagué todas las luces que la rodeaban.

Pero ella seguía murmurando: "Esa luz. Esa luz..."

Nadie veía nada. Yo no veía nada. El ala de la planta estaba toda a oscuras...

Sin embargo, ella muere con esa inmensa luz deslumbrándose un cuerpo.

Y así se fue, traspuesta, con esa enorme luz que sólo ella veía.

## 30 de agosto de 1994

Las cosas del desaliento.

Las de la amargura.

Están todas en el baño apiladas: la cuña, la botella, las toallas, la copa de la orina, el cepillo de dientes. ¿Para qué quiere un cepillo de dientes un moribundo?

La maquinilla de afeitar, el jabón y el papel blanco.

Las cosas del abandono.
Las de la amargura.

Las de la fisiología y la pobreza.

## 1 de septiembre de 1994

El alcohólico no duerme.

Parece un hombre de madera que un instante se mirase en el espejo de sí mismo y probara una copa de anestésica amargura.

Como un fantasma delgado camina por el pasillo a las cuatro de la madrugada.

Deambula entre mil pájaros sin rumbo empujado por una corriente de aire contraído.

Con el corazón convulso y solitario, se arrima al mostrador de la última bebida, para adentrarse entre la multitud de los crucificados.

Ante mí se come los insectos. Ante mí se alteran las cosas irreales.

## 27 de septiembre de 1994

En el control semi oscuro de esta guardia escribo jadeando.

Escribo jadeando igual que el paciente de la 25 que abre la boca igual que el perro que sale a la calle después de 9 horas encerrado en el piso y aguanta su meada y lo demás.

Así escribo ahora jadeantemente igual que el 25 igual que mi blanco labrador ya ciego.
Como una parturienta en el momento del túnel y ya no hay vuelta atrás para su hija.

(Feto infeliz quién te mandó a este infierno "Sal ya respira escribe ya que iniciaste el terco camino de seguir de venir a esta vida en el papel la inquietante pantalla o el paseo. Sal aunque tuviera la acuchillada ansia de querer abortar").

Cianóticos estamos como el 25.

Así se escribe la historia del animal residuo que somos y tenemos aquí /así son las ansias del perro cuando vuelve hecha su carga ya llega a sus bolas jadea se atraganta bebe come como si escribiese y fuese Dostoievski agachado con frío con calambres

de la vida al trabajo a los alientos.
Igualmente inspiramos expiramos.

De guardia en guardia recorremos la tierra con la boca igual que escarabajos entre la hojarasca.

Igual que el 25 jadeantemente por dentro del último tubo que lo une a mis dedos crepitando.

Trabajando en su lucha de penar sin oxígeno ni zinc.

Son trabajos ingratos de paciencia.


Las enfermeras tienen el don de la paciencia
hoy
mañana
siempre
levantándonos temerariamente.

Inspirar-Expirar con una curva sensación de ahogo a veces valentía con amor.

Como el paciente de la 25 que acaba de expirar mientras yo me inspiraba en él para escribir.

(Total un poco de agua y lo lavamos)

Mi labrador me espera inocente bello jadeante como el bebé que acabo de parir aún sin lavar.

## 29 de septiembre de 1994

Hemos actuado precipitadamente.

No hemos esperado el tiempo necesario para comprobar si verdaderamente estaba muerto.

Lo hemos amortajado entre algodón y bromas y hemos sellado sus ojos con el *Nobecutane*.

Creímos ver un músculo facial que se movía...

Nada.

Trabajamos nerviosos, alegres.

Falta muy poco para irnos a casa.

## 5 de octubre de 1994

Ella entró por urgencias marcada de arañazos y cortes profundos en el cuerpo.

Le pregunto su nombre y no me dice nada.

Los cabellos muy largos revueltos destrozados como si de un tifón hubiese vuelto al mundo.

En el box de aislamiento la desnudo deprisa sin dejar de temblar como las hojas negras de un rosal diminuto.

Debe pesar unos 40 kilos y medir 1,80.

Su cuerpo entero guillotinado está por varios utensilios.

Me dice que la llaman la "reina de las ratas" y desea llegar hasta el mismo final con un afilado cuchillo de cocina.

Se parece al Cristo de la *"Pasión de Cristo"* que me hizo tiritar.

No se sostiene. Se cortó los tendones de sus pies arrastrados.

Como puedo intento detener el sangrío.

Le pregunto por qué sin convicción alguna, pero ella me responde intermitentemente con ansiedad huraña.

"Tú me das confianza..."

Llora tal vez como una madre que ha perdido a su hijo o como una hija pródiga que ha perdido a su padre.

"Yo me hago todo esto para calmar un terrible dolor que tengo por otro dolor aún más doloroso."

"Mis estigmas tienen esquelas emblemáticas."

"¿Has visto mis tatoos?¿Mis piercings en la lengua? Cada corte posee selectos manuscritos."

"Cariño no te muevas déjame que te aguante y que vengan los médicos"

"No. No quiero ningún médico. Me dan esas pastillas que me secan el coño la garganta los labios. Ellos no saben na-da me tratan de histerismo. ¡Joder! Cuando yo era una baby mis padres...uff uff ¡porca miseria! tia acabo de regresar de Italia y he tenido un mal rollo con un "forn" italiano

¡Todo esto es mi largo combate con la vida que no me sirve ya..!."

El médico de guardia llegó con su interno de turno y el celador de noche. Con mirada muy fija me indican que me vaya.

La *reina de las ratas* ha enmudecido y llora.

Yo cierro las cortinas del box como una jaula.

El celador y el médico, incrédulos se quedan mirándola muy fijos los cortados tendones de los pies.

La camilla es la mesa de un cruel carnicero.

Voy a tomarme un zumo. Un grito. Una galleta.

## 6 de octubre de 1994

Estamos riendo mientras fumamos y bebemos nieve.

Nosotros no somos culpables. El dolor y la muerte es de ellos mismos.

Hoy, hemos notado que nos miran como a sus adversarios.

Pero no es así. Nosotros no somos culpables.

Por congraciarme con uno, yo misma le he dado de beber la nieve nuestra.

Como no se calmaba, hemos tenido que atarlo con dos sábanas blancas de orla azul.

Un grito, como de navaja, ha penetrado en nuestro cuarto mientras soñábamos el café y los bombones...

Pero nosotros no somos culpables de nada.

De nada.

## 10 de octubre de 1994

El amor es poderoso como la muerte. Como una corza con los ojos de oro que los lobos devoran.

El dolor es un extraño pájaro que penetra en la habitación del moribundo y cae sobre la sábana.

Y no hay benevolencia ni piedad para los ojos y las sillas.

Cae la luz en el lecho y entre la hoja negra de la puerta se oscurece la que ama.

¡Enfermedad, enfermedad!

¡Ah, tú, que te has comido el corazón de ébano de mi amado,
no dejes que las últimas rosas de la noche me encuentren viuda!

## 1 de noviembre de 1994

La ventana cerrada se llenaba de rostros que ya se habían ido.

Todos los algodones rodaban por el suelo como bolas de nieve.

La anciana cadavérica había renacido enseñando sus dientes.

Los misterios nos hunden los pronósticos ciertos.

¿Quién puede descubrir las diferencias?

¿Quién puede descifrar un nuevo sentimiento?

En un frasco de orina resplandecía una rosa.

## 15 de noviembre de 1994

Me vaciaron el corazón con una cucharilla

Con avidez de buitres y de cerdos devoraron todas mis partes blandas:

ojos orejas boca el hígado pulmones el delicado espíritu de niña la gracia el don de leer y escribir diariamente

Me vaciaron el corazón con una cucharilla y de nieve han llenado la hierba de mi alma.

"*Ellos*" sois todos los que me abandonasteis el día en que nací.

Me dejasteis caer cada segundo de tristeza triunfo exaltación angustia dolor torpeza miedo.

Pero la vida entera me la pasé luchando para
levantarme
obligatoriamente
sin dejar de leer gritando en el silencio de las noches/los días
así de esta manera.

## 17 de noviembre de 1994

Comprendo sin deformaciones lo que he visto.

Ha entrado en mí la exacta conciencia de la muerte.

Me he tomado el tiempo necesario para respirar y he descendido a un paisaje desconocido para el corazón.

En la garganta de la moribunda se abrían las montañas.
En sus ojos abiertos, chocaban las estrellas.
De su cabeza inclinada caían todos los restos de la vaselina.

Convulsivamente pasaba de la lívida parada cardiorrespiratoria, a un estertor tirante que sacudía su cabeza hasta el centro de su gravedad.

Los muebles de la habitación se movían hacia el infinito.

No lejos de nosotros, tras la dromomanía, la hija enloquecía de dolor.
Estremecimientos dorados sacudían el vientre de la moribunda. Se paraba y abultaba,

alternativamente, moviendo las cinco almohadas superiores.

A chorro el *Hemocé*, la *Licaína* y el *Seguril* en vena entraban a una masa que emitía lamentos.

La tensión irradial pertenecía a la nieve.

Yo no sé qué lentitud he de ponerle a mis palabras para resistir el olor de la ictericia.

¡Es tan lento morir sobre las telas blancas!

Qué poca cosa nacer y resistirse para morir a un precio tan escaso.

Parece que comenzaron a vibrar el suelo y las paredes.

Parece que volvimos a la realidad después de media hora alucinada y fumarnos dos cajas de tabaco todavía con el sabor peligroso de la enfermedad.

Ahora lo escribo sin deformaciones (o con la deformidad de su propia esencia) y percibo que ha entrado en mí, sin la dulzura, la imborrable conciencia de la muerte.

## 23 de noviembre de 1994

Ah, tú, melancolía, fugaz moneda para pagar mi vasallaje, inclinada en mi lento pensamiento, microbio introducido en el blanco trazado de mi cara.

Tú eliges, tú controlas mi casa sometida, te llevas a mis hijos al veneno de tu cultivo en flor en el sur de las sombras.

¿Quién quiere atravesarlos?

Enfréntate conmigo que estoy anestesiada.

Yo escucho tu rumor de arritmia luminosa y con mi mano izquierda te llevo a mi amargura.

¿Y qué, y qué más quieres?

Yo no me escapo al vértigo pasmado de mi compromiso.
Voy a ti respirando, mecánica y creciente, orgullosa y caída como mendiga de oro.

¿Quieres que mi cabeza estalle de vigilias y me convierta en párpado colapsado y me calle?

¡Ah, tú melancolía!, linterna de la noche, deja en paz a mis muertos, a mis vivos amados, pide perdón, pasea
por las calles más rápidas.

Vete de nuestros sueños,
sólo en mí te despiertes, que vengo avasallada por los blanqueadores de la intoxicación, lívida, hipoglucémica,
vengo con tus microbios.

Vengo con las heridas de los avasallados.

## 26 de noviembre de 1994

Viene hacia mí el lento drogadicto con los pantalones del pijama bajados.

Viene de la noche a la luz blanca del control y pide un barbitúrico con la cara de su madre grabada en la pastilla.

Su palidez peribucal me anuncia su delirio.

No tiene genitales. Le exploro una midriasis progresiva.

Puedo arrancar mi cólera y mandarle llorando a su cama mojada.
La crueldad de mi voz huele a café y a calcio.

No, no son mis manos las que lo tocan. No es mi diafragma.

Las manos de su madre salen del barbitúrico y se lo llevan al reino de su inmunología.

## 3 de diciembre de 1994

Nunca he sido sucia y no lo seré porque todo lo que expulsa el cuerpo lo conozco desde la perspectiva de la misericordia y el turbulento espanto de los hospitales.

Si hablara de toda la suciedad que he visto diría que no existe cosa alguna más sucia que la mezquindad.

No creo en la justicia de los hombres ni en la ley patriarcal que permanece en los libros sagrados.

Sólo de la derrota salen las heridas más acumuladas y de los retrocesos el elefante moribundo de la tristeza.

Me arrodillo ante lo que otros llaman suciedad y es como si mordiese un bloque de cerezas heladas muy maduras.

Cuando veo a un ser humano que está sucio de polvo y excrementos lo toco y se vuelve marfil cuando lo lavo.

## 22 de diciembre de 1994

No debió ser así cuidar los pies
la triste pedicura corte de uñas con
raspado de pieles crema suavizante.

A veces le cortó el vello le curó con cremas
y supositorios explorando lo interno
que dolía la grieta o roce o llaga
que allí estuvo sólo con lubricante o
con saliva se hacía soportable.

Vergüenza siente ahora de haberse
dejado mirar la intimidad/ pedir incluso
que le curase con linterna
meter su cabeza como un médico

al fondo de los muslos.

## 12 de febrero de 1995

*Para Juan Carlos Mestre*

Sé que voy a morir antes del próximo invierno. Pero he sembrado las patatas, el trigo y las cebollas. Sigo dando de comer a las gallinas y a los cerdos, aunque sé que voy a morir antes de las heladas.

Limpio meticulosamente la casa y los corrales. Me levanto y me acuesto cada día a mi hora. Sigo haciendo la comida y el café.
Me limpio los dientes después de las comidas. Sigo leyendo el periódico y cosiendo la ropa. He comenzado una bufanda y unos calcetines para el próximo otoño.

Salgo a la calle a hablar con los vecinos. Estoy pintando la fachada de la casa y las paredes de la casa. Me tomo las medicinas que me ha mandado el médico. Persevero en el rezo de mis oraciones.

He reanudado una amistad que tenía perdida. Canto de vez en cuando. Lloro de vez en cuando. He plantado las flores de mi tumba.

Todavía me enfado con mis hijos si no han hecho los deberes.
De vez en cuando voy a la peluquería y una vez al mes voy a mirar zapatos.
He contratado un viaje a la ciudad de Valencia y un entierro sencillo.
Tengo mi cama preparada y la ropa que me pondrá el amigo que he recuperado.

Cada noche, pienso en las cosas que aún no he podido hacer y, si recuerdo algo, lo hago al día siguiente.

Creo que cuando lleguen los azules momentos del invierno, estaré todavía trabajando.

## 17 de marzo de 1995

A veces, asciendo al soñador hallazgo de una ardiente tragedia.

A mi cuidado tengo a una dulce muchacha que posee el olor bíblico de lo incomprensible.

Padece de caballos golpeados en la enfermedad de los músculos y las hemorragias.

Está perpetuamente blanca y delgadísima y su madre la cuida cicatrizada y pobre sin salir nunca de los límites árticos de la ventana y la cortina.

Llega en días difíciles un hermano seminarista exhausto que ansiosamente besa a su hermana la pálida.

En el cosmos cerrado de su melancolía los tres beben el agua de la amargura con la inclinación ciega de la tristeza.

Hablan de su pueblo que está cercano al mío, y sobre ese hierro amado golpea mi sensibilidad y mi iluminación.

Veo con ellos los montes y los ríos de nuestra Extremadura y con ellos adoro descifrar el asombroso acento lento de nuestra lengua.

Es mi debilidad llegar cada tarde al trabajo para ver a mi enferma, y cubrir mi mano con la suya como si comprobase que todo sigue vivo y que en la vicisitud de mi trabajo ella es mi hermana elemental y mi luz inocente.

También, junto al hermano trascendido, la veo desnudada, con su forma de niña tan rozada y sangrienta, donde no llegó nadie.

Mi redentora mira las bolsas y las sábanas y calcula confusa cuánta sangre ha vertido. La humilde madre baja los ojos a los paños y cuando va a llorar se va tras la cortina.

Su hermano queda inmóvil, tras el sangrío. Gime desde el etmoides.

La mano de mi enferma gira implacablemente sobre mis dedos. Me ruega con los ojos por sus enamorados.

Su camisón azul y rojo despide el vapor de la dignidad y la elegancia.

## 5 de abril de 1995

Ya no soporto la miseria de la noche.

Me espanta este lugar de animales medio muertos, su anatomía ahogada de excrementos y gasas que se llevan mi corazón a un pozo de jeringas.

Los médicos se levantan de su sueño y vagan por las habitaciones
confundiendo los agujeros de las heridas y las córneas.

Las visionarias enfermeras pisan en vano la sílaba lejana de la misericordia y el amoníaco.

¡Ah, la noche!
Esta noche deseo un corazón más catatónico para deshacer el oscurísimo lamento de la ira.

Deseo que el anochecer y el amanecer sean un movimiento vertiginoso que me aleje de este desesperado deber.

Donde estoy, la noche es tan larga y tan maldita como un reino de errores y de sal.

## 17 de abril de 1995

Asumo la tentación de haber mirado la fauna de la muerte.

No quedan pulsaciones.

Ese cuerpo, entre velas, con la sangre violeta, insensible al diámetro del hambre de la muerte.

Sin todos los vendajes, vi múscidas azules,
obreros de la muerte trabajando en la muerte.

Ah, clínicos del frío, higiene de la noche.
Insectos industriales avanzando en la espesa fermentación butírica.
Destrozando el cartílago, devorando el abdomen.
Tinieblas de ciliadas trasladando los ojos a un mundo de miradas fuera de la soberbia.

Los blancos intestinos, la gula, los jarabes, todo el interminable proceso de las hembras marcando con sus huevos los tejidos de lana.

Las larvas alumbradas con el aura del hígado conmoviendo el hidrógeno.
Ejércitos en junio hinchándose de líquidos.

Legiones de sarcófagas reduciendo las grasas a polvos impalpables.
Ni los dulces laxantes pudieron resistirse a vaciar el mundo.

Se fue la inteligencia, la bella cal del hueso.

El cuerpo ha ido quedándose pequeño y desecado y entra en el ataúd con una poderosa holgura de residuo.
El vidrio del reposo,
el barniz de la tarde,
lo han hecho geología.


Ahora, hundidlo en la tierra. Ya no tiene sentido llamarlo como a un hombre.

## 17 de mayo de 1995

Mi joven y vertiginoso padre ha ingresado en la UVI, tocado por la muerte.

¡Ah, sus párpados negros, sus números azules!

## 18 de mayo de 1995

No tengo tiempo de ponerme a iluminar tu corazón, —habla mi padre—.

Veo que la vida se me escapa como algo vacío y negro.

Más muerto estoy que lo más muerto, más paralítico que un receloso,
más frío que el vapor congelado de un desaparecido entre la nieve.

Hija, mirándome, no puedo iluminar tu corazón ni decirte lo que será de mí después de este momento.

He vuelto a perderme en el camino y he vuelto a fracasar en mi tarea.

Estoy agonizando con un dedo puesto todavía en los árboles.

No me arranques respuestas ni te pierdas conmigo.

Sigue mirándome los grandes azules de mi enfermedad
y no me abandones hasta el amanecer.

## 19 de mayo de 1995

Impasible, dura, triste, preservada del desprecio,
asisto a la limpieza de la habitación.

Las dos mujeres, imantadas, por el ojo negro de la bolsa van echando cucharas, frascos, peladuras de fruta, pan y sombras.

Nada llama su atención. Los enfermos son otra basura en movimiento.

¡Ah, vosotras, a quien no puede el dolor de los escombros,
la picadura de la melancolía, el tiempo de la angustia!

Salen hablando, riendo,
se pierden por el pasillo de los pasos perdidos.

Han marcado la habitación con el olor boreal de la lejía.

Mi padre, paciente y distinguido, domina todo el reino de la madrugada.

Mi uniforme de enfermera le limpia el corazón.

## 23 de mayo de 1995

Qué habrá en tu corazón incinerado ahora que el fuego fangoso del petróleo te ha consumido hasta el color y sólo ha dejado una copa sin ceniza en las manos de tu madre.

¿Quién puede imaginar lo que ahora eres pequeño puñado de polvo humo fumado por las negras mangas de una fumarola?

Blanco río de invierno que ya no volverás a helarte
ni a correr

Te amo porque ahora eres humo y el humo es tu bondad impenetrable.

## 29 de mayo de 1995

La enfermedad une más que el amor.

Aquí, los paseantes pálidos,
van atravesando sus pérdidas y se arriman,
unos a otros,
como huérfanos despedazados por la tierra.

## 1 de junio de 1995

Y dentro de su corazón hallaron dos piedras de cuarzo ya cristalizado
como esos inmóviles lagos transparentes que dan sustancia vital a los ríos de las altas montañas.

Así resplandecían las dos piedras dentro de aquel corazón inexplicable,
alquímica perfecta la de ese músculo moviéndose entre las manos de los ayudantes
mientras el cirujano jefe curvaba formas invisibles
y preparaba el nuevo corazón de un cerdo blanco.

Venía en una caja metálica y muy fría que hizo vapor al ceder la cerradura y heló las sensaciones del equipo
cuando el paciente, al verse con el nuevo corazón en las entrañas, abrió los ojos y dijo levantándose:

"He visto desaparecer los árboles del campo.

Tened misericordia y devolvedme mi viejo corazón
de piedras y de ríos y temores".

## 5 de junio de 1995

La enferma se deslumbra de fiebre y humedades.

Una cortina cae de realidad sin límites. El deterioro alcanza un ritmo acelerado.

El esfuerzo se agolpa en la cara espantada.

Entre su percepción y la mía hay un abismo entero.

El dolor es un mundo donde no cabe nadie. Uno mismo y ya nadie.

Ella gime se adapta girando cae al vómito que viene de allá lejos.

Sus ojos orgullosos me piden que me vaya.

Hay momentos extraños que todos comprendemos.

## 6 de Junio de 1995

En la habitación 405 hay 2 pacientes.
Uno es mi padre que lleva 22 días esperando que un latigazo azul se lo lleve a su casa o a la tierra.

Mi pena esta doblada.

En tanto la apariencia de mi padre tiene un extraño olor a soledad y fármaco.

La pereza de todos está como dormida. Saltará definitivamente presente vigilante en el momento en que el relámpago de dios se cruce con el ébano corazón de mi padre.

Rastreamos con una fuerza animal y orgullosa con la materia que nos ilumina

nos da la esperanza para sobrevivir
en esta habitación.

No habrá un triste desenlace esta semana.


Pasada esta semana
me inventaré
un poema para seguir creyendo.

## 12 de junio de 1995

Paso, desfalleciente, con mi bata traslúcida al quirófano helado donde yace mi enfermo.

Tiene una arteria ahorcada sobre la mesa fría y un conjunto de médicos asaltan a su muerte.

Observo desde un ángulo la operación inútil y me abrasa el deseo de arrancarme los ojos.

Desde la ingle, arriba, van pasando el catéter hasta pinchar el húmedo corazón que se para.

¡Oh pájaros del miedo! ¡Ah violencias azules!

Mi enfermo ha pronunciado un aullido obediente y sobre mi cabeza se ha derrumbado el mundo.

Se han movido los cielos.

Un huracán proviene.

He perdido mi vida, yo también.

El relámpago agita los ojos de mi muerto.

## 13 de junio de 1995

Mi padre ha muerto el día 13 de junio a las 13 horas y 13 minutos de este 1.995 azul.

Ha cambiado el mundo, el añil de las cosas.

Todos hemos pasado al frío vertiginoso de los abandonados.

## 13 de junio de 1995

¡Ah médicos malditos!

No me digáis que me he quedado huérfana.
No me digáis que ha muerto mi vertiginoso.
No.

Mi mano lo acaricia desde el cerebro a la uña azul del pie, mi mano con la suya, terriblemente fría, deja pasar el aire y se convierte en pasadizo de humo.

No está inmóvil ni frio.
Yo veo cómo se mueve la ventana y él se mueve desde lo hondo de mis ojos,

se mueve para mí, se mueve con los pájaros que vienen del ensueño.

Tiene el temblor de una tormenta negra, la constante temperatura de la piedra en la casa.

Su lecho dolorido me dice que él existe, su colchón empapado de nieve y de saliva, de sangre levitando sobre las cuatro patas.
Él existe y se mueve.

Va a exigirme un compacto de *Sibelius*, está pidiendo pan y se levanta, de lo invisible a la arrogancia de su miopía, me está pidiendo la velocidad para volverse.

Y ahora está de pie, cerrando la ventana.

Ha vuelto a mi dulzura, a mi diálogo de histérica, vuelve de la furiosa función del miocardio, vuelve de las flexibles tablas de la justicia.
Ha vuelto para mí.

Toco su pecho.

Me veis: Hablo de él como si nada hubiera sucedido.


¡Ah médicos malditos!

## 16 de junio de 1995

Es posible la vida el gozo de la vida lejos del centinela.

Tengo un cuerpo inocente que busca la ventana.

Una noche sin sueño te convierte en caballo.

Oh enfermo que he dejado
sin saber tu destino.

Ven tú irreconocible
a coger este bus que nos lleve a la Aurora.

Camina junto a mí para que no te mueras.

La noche de mañana no será
una caverna

## 20 de junio 1995

*Para el Doctor Manuel Lara*

El dormido no teme cefálico a la muerte

Está con sus heridas calmadas por el suero.

Respira el aire árido del olvido de sí
intuye que mantengo mi mano dentro de sus cabellos.

Sabe que los durmientes se acercan a la fe. Si quisieran podrían alzarse por el pozo dantesco de la séptima fase.
Licuar la habitación con el paso de un niño sencillo y sigiloso. Destrozar cualquier mano que intente detenerlo.

Pero mi mano plástica detiene sus migrañas.

El balón anestésico somete su nariz.

## 1 de julio de 1995

Cuando a los hombres se les pone el cerco en los ojos acuosos escarlata pálidos cuando la lenta lágrima levanta esa rojiza clave por los párpados y la voz se les quiebra en afonía de alterada presión en la ternura es que el misterio de una vida llena de alegría emoción incertidumbre aparece de pronto nuevamente esa rueda del roce con la infancia.

Y sucede que empieza a producirse ese primer portento de la ancianidad.

Cuando mi padre comenzó a llorar al mirar a mi madre y a los niños supe que el tiempo de sus largas horas de trabajo cariño y arrepentimiento estaban ya contándose sus horas.

Estaban ya cortándose sus brazos.

## 12 de julio de 1995

El ciclo interminable de la vida y la muerte pasa por los enrevesados circuitos de la clínica.

Todo mi pequeño conocimiento no podría explicar el tumulto de horror que veo cada noche.

No hay descanso en la sangre de los vivos ni frágiles golpes en las venas de los moribundos.

Cuando veo una cama delicadamente hecha y cerrada,
estoy viendo la formación de toda nuestra muerte.

Donde han puesto una lengua desangrándose yo veo el instantáneo procedimiento de un esfínter.

Dentro de la blancura de todo el edificio arde el extraño azúcar aislado de la fiebre.

Para ver más fulgores del fosfeno voy apuntando en este folio la velocidad del oxígeno y la luna.

Y es como si todo estuviera disecado:
En los zuecos de una enfermera retumba el hospital.

## 16 de julio de 1995

Sólo por ti
que acaso todavía estás de cuerpo dulce, intocado, ligero, más profundo que el mar.
Sólo por ti, padre, conmigo, soy capaz de escribirte a esa isla remota en la que rompen las olas todo mi corazón.
Y estás azul, mirándome, protegiendo tu ausencia, mi reventada boca de huérfana encogida que no sabe volverte.

Dime tú, transparente, ¡dónde voy a llorarte!
¡Dime tú, ilimitado, qué hacer para enterrarte en mi campo de sombra!

¡Ah, padre, estremecido por mi lenta tormenta!
¡Ah, padre atormentado por la luz de mi frío...!

Ven, toma la bella forma de mi hija inocente y quédate en su cuerpo para que yo te vea.
Para que yo te vea

porque sólo por ti,
que acaso todavía estás de cuerpo dulce
yo podría cambiar tu muerte por mi hija.

## 21 de agosto de 1995

Aún estás con nosotros.

Hay algo en el clima de la tarde que nos trae tu figura
tu voz de prisionero

la sensación de hiel que tu martirio dio.

## 25 de agosto de 1995

6 minutos estuve con el cadáver de mi padre recientemente muerto.

Desesperadamente lloré encima de su hombro y su cara impolítica.

Tenía todavía la fría multitud del sudor capturado al helor de la muerte.

Me fue útil aún su tersura de muerto con esa suspensión de su espíritu entre el aquí y allá comenzando a alejarse de la uvi siniestra.

Mis lágrimas metálicas resbalaban por su cuerpo mortal y el calor del esfuerzo de su muerte increíble.

La oración del sacerdote se extendió por la sala nombrando a mi chaval con la última voz con que se nombra a un ser que ya está en otro círculo.

48 días de huelga general se han llevado a mi padre.

¡Ay! mi papá sagrado

## 6 de octubre de 1995

Ante los periodistas el cirujano abraza
al ser que ha elaborado
con el rostro de un cadáver muy joven.

El hombre de 39 años
sonríe ante las cámaras
y todos vigilamos a esta
criatura nacida del quirófano
monstruosamente
fea.

La ciencia me fascina.
Llegar al infinito

la belleza persiste.

## 8 de noviembre de 1995

Son demasiado tristes los brazos de mi madre. Ya no pueden mover el agua o la ropa estampada.

Sus minúsculos movimientos transparentes se van deteniendo, congelándose, en las riberas peligrosas de este invierno.

No puedo leer ni comer en su silenciosa compañía.

Me estanco en mirarla
desprendida ya de aquella inalterable generosidad de acción que tuvo siempre y giro alrededor de ella sin palabras con una esclavizada tristeza que me ahoga.

Ella, que soplaba los perfumes de los platos, ahora sólo puede recordarme lo que fue, con mi padre, cegadoramente.

Y esta bella criatura redonda, va curvándose, se inclina en mis cajones y trata de ordenarme lo que nunca tuvo orden.

Está asustada y tan pura en su dolor que parece desnuda en su envoltorio de grasa y de hielo.

Ha devorado mi infancia con su amor y hoy yo no puedo devolverle mis alas para que pueda alzar los brazos.

Son demasiado tristes los brazos de mi madre. Ha caído demasiada locura y gravedad sobre ellos.

Altivamente, todos los brazos de las madres enfermas están enamorados. Todos siguen ordenando lo que nunca tuvo orden.

¡Ah, la dulce cocina de mi madre!

Deberíamos encontrarnos en el cielo.

## 10 de noviembre de 1995

Hoy ha llovido sal y sangre en el mundo.

Una niña de seis años ha dado a luz a una hija de seis años.

Una bandada de aves blancas y una bandada de aves negras se han juntado en el cielo.

Entre los brazos de un preso inocente ha crecido una víctima crónica. La madre de la niña ha condenado a su hija a doscientos azotes.

Empapada de sal y sangre entré misteriosamente en el hospital y percibí toda la muerte.

Mi padre ha vuelto desde la raya roja del crepúsculo y lo he amado hasta pordiosear sus lágrimas.

He salido del tiempo: ya no conozco la soledad del pasado y el futuro.

Las aves negras y blancas han bajado a la tierra. Son azules.

Entre mis compañeros de trabajo hay una fría complicidad para matar.

Unas borrosas señales han aparecido en las paredes.

Todos, todos estamos muertos.

## 14 de noviembre de 1995

Vuelve el otoño a darnos su vestíbulo.

Nos ha traído un crio con cara medio viva. Una cara crujiente que carece de historia.
Está asombrada y hueca como por un taladro.

Crudo rostro de niño moreno y pensativo por donde asoman peces erectos boqueantes.

Su abuela lo ha traído en un ford fiesta azul...

Ha entrado por urgencias y corremos de un lado a otro, con el trajín de carros medicamentos bolsas.

La medicina al límite se mofa de nosotros.

La abuela nos pregunta con los ojos cerrados.


14 de noviembre. / El otoño remonta.


Por el jardín disuelto pasa la Navidad

## 8 de enero de 1996

*A Milena*

Mi adolescente llora de noche y a escondidas.

Hoy me ha dicho con ojos plateados por el llanto: "yo sólo quiero verle... Mamá... sólo un poquito".

En su pena y anhelo me señala la mínima fracción de su meñique blanco.

La abrazo contra mí contra mi propio dolor que yo tan mal contengo

En la cama las dos, una en la otra, le digo: "soy la mitad de él, Milena, almendra de mi vida soy yo quien más se le parece. Y me tienes a mí. La mitad de su espíritu y sus ojos audaces."

Me mira. Se ríe con graciosa gratitud.

Ella va eliminando el tiempo de sus pérdidas. Elimina retratos, las inútiles lágrimas. Se traga sus temores. Cede a los protocolos.

Mientras el tiempo pasa ya es una mujer de 17 eneros su cuerpo transformado en azul mariposa.

Una virgen espléndida que cederá su leche a unos hijos futuros.

## 10 de enero de 1996

*A Paolo*

Mi pequeño Paolo se congela en el tiempo con sus lágrimas blancas.

A la tela de la almohada le van creciendo ruedas y teselas de nieve.

Contra mí lo abrazo, contra mi propio dolor que yo también contengo.

En las noches de alas el cadáver del ido de pronto se aparece en la limpia ventana con un fulgor ferroso.

La escena de su muerte, ese día tal cual, vuelve representada como en una película invernal vuelve a la vida, de la muerte invernal.

Vuelve a la vida de la muerte el presagio.

No hay consuelo tratado para mi adolescente.

El pájaro de la cola azul ya no regresará a la casa.

¿Cómo podré pagarle todas aquellas promesas que le hice?
Lo que ya no sé darle aunque con látigo fino lo extrajesen de mí sorbiéndolo a trocitos.

Estos años después lo miro transformado en bello adolescente.

Me plazco en exponerlo con un tórax extenso.

Con su alto aparato respiratorio intacto.

## 11 de enero de 1996

Mi querido Padre,

En estos momentos ha venido un ángel a traerme un sonido que parece de paz.

En paz haré obedientemente, lo que tengo que hacer.

Mis ojos crujen de lágrimas y costras.

Tu recuerdo buen padre está tan vivo como la pasión que siento por ti y tu dolor que no puedo nombrar.

Ven a ayudarme tú a superar el turno de esta doliente tarde.

Ven otra vez a visitarme en sueños por la parte izquierda o dime por la calle qué tengo que hacer para seguir viviendo caminando a tu lado.

Haz algo para que este tormento no sea destructivo.
Dame tu fuerza y tu piedad. Traspásame tu espíritu de mago.

Sigue conmigo. Dame el abrazo final de los amigos incondicionales. /Ven con nosotros a todos los papeles. / A todas partes ven. /Ven a aquella parcela y la casa de campo del Montenebro nuestro/ aunque algún día caiga en mano de los saqueadores.

Ven/muerto de mi vida. / Ven vuelve con los hielos o ven con el verano.

Ven a traernos tu luz, tu clara inteligencia judicial.

Cómo envolver jardines, desenrollar alambres, discutir sobre todas las sangrías sociales.

Si pudieses llamarme por teléfono.

Llámanos a cualquier hora del día o de la noche

Padre Nuestro del mundo.

## 13 de enero de 1996

Este es el último instante de mi vida.
Cae el atardecer

La muerte ha llegado a mi cuerpo como llega el fruto a su destino, que es el suelo,
y va a reunirse con la serenidad de una cara diluida en la noche.

En este último instante de la vida atravesamos la vigilancia de los que nos rodean.
Tocamos el borde de la sábana para sentir el perfume que ya nunca sentiremos.

¡Es tan fugaz la muerte que me llega!

¡El llanto de ellos es tan fácil e inútil!

Vienen grandes caravanas de enfermeras que entran
a sacudir los frascos y las bolsas,
y luego tapan, cayéndose en mi rostro, mis ojos, otro instante,
de todo el dibujo y la blancura de la habitación.

Ponen los orinales boca abajo y salen.

Y tengo miedo de eso,
de ese pequeño gesto natural de mojar la cama
y que no importe a nadie, ahora,
porque tengo ya la atribución de exponer todas
mis pérdidas,
incluso
la de abandonar la sombra que proyectan
mis párpados azules esta noche.

## 15 de enero de 1996

Es perceptible el espectro del cadáver sentado en el raso del ataúd mirando a todos.
Todos los de la sala están agobiados por el llanto y el sueño.

Los párpados azules de la madre flotan sobre una niebla de cristal que no comprende y el padre da pasos hacia ella pero no llega nunca...

Se han disipado las velas con la noche y los primeros arbustos de la madrugada ya salen en el campo.

Alguien susurra que debe comenzar el traslado del cuerpo...
La carretera estará helada y borrosa.
En el pueblo no saben la noticia...

Un celador muy viejo entra en el mortuorio con un falso aire de solemnidad y cierra el ataúd.

Con su gesto de lúcida rutina ha resuelto la muerte.

Los familiares salen de la cámara poniéndose las
gafas de sol y los abrigos.


Nadie duda de que el espectro que vieron fue un
fenómeno ajeno a toda lógica.

Sólo la madre sabe que el viejo celador
consuma este trabajo casi todos los días.

## 17 de enero de 1996

Yo sé muy bien que un muerto no se da la vuelta
ni abre las manos, ni gira la cabeza para ver el otoño.

Lo sé, racionalmente, porque he visto a los muertos con su anatomía parada y exprimida
y nadie viene nunca a verlos cómo crecen.

Y es que crecen a solas en el olvido de los hospitales,
dentro de esas auroras de acero a donde llegan para pasar al frío eterno de los pobres.

Si no se les aplasta el algodón preciso en las fosas nasales
y la espesa torcida de algodón en la boca,
y la larga del recto, y las otras distancias,
ellos suben y suben la vida como el musgo
y se agarran los ojos y vuelven a por aire.

Nada pasa en la muerte que no esté deslumbrado.

Nada que la agonía no viole, si uno escucha.

Se ve todo azulado y dentro de la sábana se escuchan los sollozos de animales cilíndricos.
—No importa que me crean. Yo sólo digo que esto que pasará a las manos de un muerto, como yo, con las manos abiertas, que contemple este libro—.

Creciendo y respirando algunos dan la vuelta y arañan y se comen la tela y los pulmones.

Pequeñas criaturas que despiertan del frío
y sufren en silencio porque no viene nadie.

¡Quién no ha entrado en el ruido de una madera rota,
del acero y del vaho que llega de la cámara!

Sólo nuestras lesiones no escuchan a los muertos
y ellos se desesperan, terriblemente móviles,
mojados, prisioneros, despiertos,
y se van...

## 26 de enero de 1996

Y destapé a la muerta creyendo que era un bulto sin más, un bulto inútil tapado con la sábana.

Pero estaba la cínica rizada de gusanos y enrollada en la sangre de sus caderas duras.

Tal vez si aquella rubia desnuda y amarilla no hubiese abierto un ojo como si me llamara, tal vez la gangrenada garganta de la muerta exhibiendo su aguja de azul hacia mis manos, yo no hubiera movido mis manos a su cuello con los diez dedos verdes que el pánico apretó.

Aquella falsa estaba creciendo en la tiniebla, clavándome las uñas, vendiéndome sus gérmenes.

La horizontal tenía el tacto de la noche y el mismo polvo frío de un cementerio ártico.

Quise gritar y, entonces, como un limón de sangre me exprimió cuerpo a cuerpo con ella y sus espíritus.

¡Qué plasma tan extraño me ató a sus genitales, qué charco de ceniza sobre mi cuerpo ardió!

Aquel cadáver recio de huesos sobrehumanos, la más fiera asesina que nadie viera nunca, yació, moviendo el cuerpo, inmóvil contemplando mi reloj que arrastraba las horas a la muerte.

Toda la noche estuve muriéndome en la bestia, hablándole de tantos secretos de la infancia.

Y ella, enemiga y viva, tomó mi esencia y forma y hoy anda por los bares bebiendo con los hombres.

# 13 de febrero de 1996

*para Luisa Navarrete*

Con su pijama azul de enfermo transparente, mi padre desde su ventana, me señaló el cerezo florecido que vive en el jardín del hospital. Me dijo: «Qué pronto se mueren las flores en nuestra península».

Ahora, un año después, yo estoy bajo el cerezo que está tan blanco como la sentencia de su corazón. Antes de entrar a trabajar me pongo cada día bajo su blancura y él me ofrece la majestad de su sudario.

Sé que dentro de unos meses cada flor del frutal será una gota roja con el brillo y el punto de la muerte.

Cogerán las cerezas los taxistas y los celadores más ágiles.

Durarán sus frutos cuatro o cinco días, y también los pájaros hambrientos de Madrid vendrán a devorar lo que contemplo ahora con la lentitud de una pena incesante.

Desde aquel incalculable día de la tristeza, no he podido atravesar el lugar del cerezo, sin que una conciencia iluminada me detuviera la memoria.
Pero ya no voy a moverme nunca más de aquí. Bajo sus ramos blancos voy a quedarme hasta la sangre de las cerezas.


No ha de pasar el tiempo si yo estoy vigilante. Y este árbol, guardado con mis sueños, no podrá traspasar la evolución de mi melancolía.

## 16 de marzo de 1996

Padre mío que estás en la alta cama de la 2 de la habitación 405 ala izquierda.

Aquí estás acostado ahora con el nombre de Antonio.

Aquí estas Pablo mío esperando que el talio nos dé la luz oscura de tu necrosis cárdena.

Bebes zumo de piña, almax y otros deberes.

Orinas 700 mililitros por turno te ponen una dieta sin sal hipocalórica.

Me llamas *señorita* como una deferencia de lo más delicada entre amor y agotado entre sed y obediencia.

Yo te rozo la bata con distancia gentil te retiro el termómetro de tu axila templada.

Hay un ciego deseo de querer abrazarnos de tocarnos y vernos perfectos y escondidos.

Pero está esa mujer que es tu esposa de ahora y el enfermo de al lado que no te reconocen.

Y yo no soy tu hija a los ojos de nadie.

## 20 de abril de 1996

Después de tanta confusión ahora voy a perderme.

Esta noche cae la lluvia furiosa de abril sobre mi pena, los hierros profundos que hay clavados en mí están cerrados irremediablemente causándome un círculo sangrado en tobillos y manos.

Mi pensamiento vuela por un ferrocarril nocturno y con sigilo mato al maquinista para poder conducir el tren a mi destino.
Mi destino es un cementerio extendido a lo largo de la noche.

Toda la humedad del suelo se clava en mis zapatos y siento cómo la mano de mi amor fallecido me atraviesa las piernas.

Me pide que le saque de su sufrimiento pero yo le digo que ya no me dedico a curar si no a tener heridas.

Así en este sueño azul me dejo llevar cortándole las manos descalzándome tirando los blancos zapatos de tacón ante un cartel que dice:

"prohibido pasar"

## 24 de junio de 1996

Es noche de San Juan. Tampoco puedo escribir ni dormir.

¿Hasta cuándo durará este calvario?

Si él estuviese vivo aún con nosotros, con sus raros proyectos y su sonrisa buena...

Pero ha cambiado el mundo.

Padre, si estás en un lugar desde donde puedas mirarnos, observarnos, ten piedad de nosotros.

Vacíanos el alma de esos miserables momentos de tu muerte.

Llena mi espíritu de serenidad. Aparta la violencia que habita en mi cerebro.

He de poder seguir dando a los que me rodean el trabajo debido de mi profesión.

Ten piedad de mi pobre cansancio, de mis hijos y de mis pacientes.

Es noche de San Juan.

Y es como si yo estuviese en el centro de una hoguera de sal, derritiéndome.

## 13 de noviembre de 1996

La joven madre ha muerto lentamente y en el aire una mancha amarilla se forma sobre ella a un metro del cadáver.

Por la ventana se ve el mar.

Entra en la habitación un viento verde que mueve las ropas y las flores, los cabellos y el agua de los vasos.

Todos los familiares están rígidos.

Seis personas velando el aura de la leche en la crepuscular campana que la muerte ha traído.

Aumenta en ellos la respiración,
lo tenebroso viene sacudiendo la esencia de la mancha y el niño más pequeño es añadido al lado de la muerta, su mamá queridísima,
la blanca madre envuelta de coronas
que abre los brazos y recibe el azul murmullo de su hijo en pañales.

Junto a la mancha amarilla se forma otra mancha pequeña y transparente.

## 3 de febrero de 1997

Estoy ingresada en cirugía abdominal.

Aquí he trabajado durante 20 años y esta cama la he hecho y deshecho cientos miles de veces.

He dado de comer y beber a mujeres y hombres.
He consolado asfixias y paliado estertores.
He contenido intestinos y los he vaciado.
He lavado a soberbios y curado a los débiles.

Pinchando algunas veces me he pinchado pero nunca contraje ninguna enfermedad.

He puesto hielo y agua en axilas y pechos en los muslos y vientres.

En esta blanca mesita con botones he llamado para pedir ayuda.
He ojeado libros periódicos revistas de todos los enfermos que estuvieron aquí.
He leído con ellos cómo pasa la vida y la muerte se viene tan callando y sonora...

Encajé mascarillas y trituré analgésicos
Trabajé en los 3 turnos en diferentes plantas.

Cuánto vieron mis ojos y cuántas las materias que daban repugnancia y tuve que tocar.

Guantes y mascarillas taponando las fosas nasales empapadas de algodón con vaselina oprimían el tracto del olor ocultando el hedor con la máscara.

Supe ser una buena enfermera hablando con mis manos.

Ahora voy a morir en los brazos amables de una enfermera joven que hablará por sus manos con seriedad/ destreza.

Hay veces que la muerte espera para hacer algo muy importante que vinimos a hacer.

No hay ni una sola mal muerte que creamos indigna.

## 12 de junio de 1997

¿Quién es el que está en la habitación y no responde cuando se le habla?

Sin parpadear, sin molestarle el frío o el olor, trabaja con nosotros y no sabemos su nombre y no vemos su rostro.

Pero está en el resplandor de la ventana. Está en el aire, en la esclavitud del trabajo, en la profundidad de la conciencia.

Somos tres: Nieves, Arturo y yo. Él no existe cuando nos ponemos a contar. Sus manos son translúcidas.
Sus uñas agradables.

Atraviesa las partes del enfermo y teme con nosotros, cada tarde, el crepúsculo.

¿Quién es éste que sabe cada movimiento de la enfermedad y nos guía, iluminado, a las heridas más hondas y egoístas?

¡Ah, el desconocido, el encapuchado, el que viene del hielo para ayudarnos en la masa de la muerte y nos ama!

## 2 de Septiembre de 1997

Me dieron el parte los de la mañana diciéndome "Pureza, la 411-2 está en las últimas. Id preparando todo."

Su hija vino a decirme que su madre había entrado en coma

Fui a verla. La llamé por su nombre, le pellizqué los morados pezones y la moví con toda mi energía. La anciana no emitió gesto alguno.

Llamamos a los médicos y comenzó el trasiego del ir y venir con carros y medidas de resucitación...

Vino un cardiólogo que dijo que no hiciésemos nada. Es un *exitus* claro. La hija que lo miraba temblando nos pidió que llamásemos al sacerdote.

Pureza falleció.

El sacerdote le dio los óleos, y al acabar los rezos Pureza despertó pidiéndonos natillas con obleas.

Debo reconocer que la ciencia, y tal vez algún dios, son aliados.

## 11 de diciembre de 1997

*Para mi madre, la única.*

Tiemblas constantemente con movimientos tétricos, inútiles a veces.

Tu cuerpo es una onda expansiva como la máquina que tritura las piedras del traqueteo infinito de una casa encantada.

Te vas hacia el estrecho sendero del tenedor al plato y tu boca transida embute los pedazos de tomate y ternera.

Tus dedos encogidos se acercan a la bola de la masticación palpando la comida.

Con esa expresión dulce que pretendes hacer pero se pierde y caen tus amargas lágrimas con sudor a la alfombra y el bocado a tu bata vibradora de seda.

Mientras,
tu nieto alto te mira con tristeza y pudor.

¡Ah! mi anciana anhelante
que atormentas mis noches
cuando yo estoy perdida
sin saber qué camino tomar para dejarte inmóvil. Quieta como un arbusto en medio del desierto en medio de la tempestad de esta familia escasa y disgregada.

El parkinson me aterra pero tú a pesar de tus involuntarios movimientos te dedicas a quitar las bolas de todos los tejidos de tus hijos y nietos.

Pacientemente.
Feliz por ser útil en todo lo que puedas.

Tú, mi perfecta
mi pulcra
mi exigente anciana

nos amas tanto que quisieras desaparecer.

## 18 de enero de 1998

De entre los 12 enfermos en este servicio de privados, 4 se están muriendo.

Inexplicablemente la enferma de la 3 Lucinda ha mejorado.
Desde hace una semana estaba en un coma profundísimo y ya con la agonía de la muerte desde las gafas nasales sin el posible oxígeno ni orina.

A su hermana doliente que la vela en un sofá de *skay* se le ocurrió decirle muy bajito al oído "va a regresar de América tu Alberto. Va a venir el Alberto...esta noche, tu hijo"

La moribunda abrió los ojos febrilmente moviendo estremecida los brazos y la boca como queriendo alcanzar al hijo que llegaba.

Se nos puso exigente.

Ahora que ha despertado nos da un poco la lata nos interroga con la mirada insólita. Mira toda la habitación... Sufre pasmosamente y nos exige con 2 movimientos de la pierna controlados con inteligente poder que le pongamos más calmantes a sus huesos doblados.

Lúcidamente espera a su hijo querido.

Para él sigue viviendo incomprensiblemente.

## 19 de enero de 1998

La moribunda de la 3 de ayer Lucinda ha muerto esta mañana.
Según me dan el parte los que hicieron la guardia llegó su amado hijo y ella lo abrazó instintivamente consciente y amorosa.

La mujer falleció de normal madrugada con la mano muy fina de su hijo en el cuello.

Su muchacho no dijo una palabra ni una lágrima ardiente vertió sobre su madre.

Se tumbó sobre ella muy cansado murmurando en inglés.

## 17 de septiembre de 1998

El blando rostro de la demente lleva una semana traslúcido.
Levanta los ojos al techo para mirar la incubación de su proceso,
y hace de la noche día
y de la cama del hospital su cama de casada.

No sabe si come o si tiene la boca llena de linternas.

No sabe si descansa o si está trabajando.

Nos confunde con sus hijos y sus ropas.

Algún instante, ve pasar el viento negro de la fatalidad, pero sonríe,
en su obsesión es una buscadora de la fatigosa tarea de encontrar su dinero...

Por todos los rincones apresa una moneda tintineando desde un esparadrapo.

Sus hijos se reparten la herencia tenebrosos, felices y excitados.

## 4 de octubre 1998

La rutina se come mi servicio confuso.

Con qué escasez me viene la furia del recuerdo.

Fui destronada del reino que cabía en una vegetal mirada de la infancia.

Mi pelo que fue negro se ha vuelto de nogal mi ropa más brillante se ha roto en el armario.

No tengo fuerzas para huir de la terrosa jefa que me aplica los días que debo pasear.

La que me impone las guardias cada día festivo.

La que decreta cuando debo quedarme embarazada.

Esta rubia platino provista de su *planning* pretende que seamos las chicas de su finca.

## 8 de enero de 1999

Hoy he visto el regreso de la vida a un cuerpo muerto.

He comprobado con mis propios ojos y las manos la resurrección de la carne y los siete sentidos.

Asistí a la parada cardiorrespiratoria de esta mujer anciana que hoy tengo entre mis brazos, a Blanca Rodríguez existiendo.

La abrazo inmensamente conmovida porque ella ha regresado de la muerte.

Necesito saber lo que deseo saber.

Me agacho junto a ella y le digo en voz baja:
"yo te saqué adelante, te salvé y te traje del lugar donde estabas, Blanca, cuéntame todo lo que ocurrió."

¿Qué hay allí? ¿Dónde fuiste? ¿Qué paso en el camino?

Me mira agradecida tras las gafas verdosas de su edad avanzada y contesta inocente:

"Hoy estoy mejorcita porque ha salido el sol y estuve con mi padre en un camino...

¿Cómo sabías tú que había un Camino *Allí*, niña?
¿Has estado tú *Allí*?"

## 12 de noviembre 1999

Un mes después me entero de la muerte de mi esposo. A las doce de la mañana me lo notifican.

Muerdo la luz y el brazo de un amigo un empujón de sangre me llena el corazón y creo que yo muero también.

Subimos a la casa y muerta como tú escucho algunos pormenores.

Te han incinerado. No puedo visitarte en ningún cementerio. Ni tu hija llegar hasta tu tumba y recordarte poniéndote unas flores...

Ya ha sido el funeral "que nadie me lo diga" fue la orden. No tengo tus cenizas. Si yo las reclamase parecería una heroína de una tragedia griega aunque es mi derecho y mi deber.

Pero las han tirado al mar y ya sólo me quedan tus fotos con todos los recuerdos que una memoria puede contener en mínimos circuitos.

Y esta hija de ojos melancólicos con ese caminar de foto adolescente:
vivo retrato de tus mejores años y la naturaleza gloriosa de una rama en la selva.

## 15 de enero de 2000

Resisto todavía sobre el palo mayor del barco hundido.

Aún con el dolor sangrante del silencio mi mano escribe los últimos mensajes de la decepción

no sé qué día o noche vendrán a rescatarme del suplicio.

En la segunda planta de la clínica resisto con el extracto de la debilidad.

Con una espada al cuello inmóvil incapaz de apretar
resisto
en el trabajo y en las posibilidades hacia la belleza y el bien que pueda cultivar.

Resisto sobre el palo de este deber flotante.

## 24 de junio de 2000

El hospital envejece con la luz encendida.

Tiembla la sangre, coagulada, en las bolas de algodón y el mercurio de los termómetros cae, tóxico, desbordando los suelos.

Puedes hablar en las habitaciones de los agonizantes sin que la sábana crepite con el almidón de las planchas.

Abrimos las vitrinas de los cirujanos y todo el instrumental tiene restos de rostros.

Nada está limpio y aparece limpio.

En mi UVI y los quirófanos hay humo cubierto de hielo y colillas de tabaco que se transparentan como paja en el vidrio.

Arterias, músculos y huesos, se han llevado los médicos para adornar sus casas.

Como si torpes animales hubieran pasado heridos y obedientes arrasando el lugar, así, rayado de ceniza, el edificio envejece sin esperanza ni gloria venidera.

El monumento del jardín rodará, destrozado, cualquier noche.

Sociedades privadas sedientas de dinero vendrán a restaurar el solar de los pobres.

Las grúas de la noche traerán a los otros.

Quedan algunas enfermeras, bellísimas, que pasan la mano por los cuerpos exánimes y aún gobiernan a los gusanos de la enfermedad.

## 23 de junio de 2003

He abierto los ojos y me veo escribiendo con las gafas de oro de mi padre el muerto

todo es tan nítido y tan esplendoroso sin la fatiga de estos largos años ahora sabiendo que toda luz me espera y la amada sombra de él cae sobre mí como una luna viva toda su vida en vela viendo.

Voy a enviar a analizar las gafas para que saquen de ellas todo aquel sufrimiento de las últimas horas.

Qué mano fue la que se las quitó
quién las puso en la funda sobre la mesita
aún la leve grasa de sus ojos permanece pegada a los cristales el puente todavía con los residuos ahogados de las lágrimas de su último día las estrechas patillas de oro mezcladas con cabellos, líquidos y células su angustia las pestañas.

Una chispa de zumo de naranja en el cristal izquierdo que ni puedo tocar.

Todo vive aquí en estas gafas nobles.

Detrás de mis ojos ven sus ojos de gato.

Cuando me pongo las gafas de mi padre, el muerto, veo la inmensa luz de su clarividencia.

Sé por dónde ha rodado.

Conozco la historia de sus alaridos y de su genética.

Veo la luz del mundo que me está postergada y van desmoronándose los años como se abren las tierras con los temporales.

Veo a mi hermano con sus dos magníficos riñones al nacer.

Veo a mis hijos estudiando las Artes. Veo a mi compañero alejarse en su coche robado.

Veo a mi madre deshaciéndose en la obesidad, en la paciencia y en su desoladora y admitida soledad de viuda obediente.

Tras los cristales de un miope muerto reconozco lo que yo no distinguía en mi ceguera.

Reina la sombra sobre mí. Rastreo la herencia de las gafas.

¿Qué veo? ¿Quién me sigue? ¿Dónde estoy? ¿A qué he venido? ¿Con quién acabaré?

Mi padre sobre mí me pone sus gafas, otras córneas las suyas transplantadas.

Y con su brillantez recupero la luminosidad oscura de sus gestos heredando mis hijos estas gafas.

Sus números azules y sus párpados entrecerrados poderosamente agudos y profundos para enfocarlo todo.

Y veo claramente la inmortalidad.

## 13 de marzo de 2010

Ahora lo recuerdo como si fuese entonces:

La tuve ente mis brazos a aquella que dijera "No Pasarán No pasarán No pasarán"

Pero entramos a su habitación de esa mujer valiente enorme. La asturiana cantando en la 202. Ahora ante 4 enfermeras cantando sus canciones de guerra dulcemente. Y ya como una niña no deja de cantar y recordar sus días juveniles.

Mientras cambiamos sus curas y pañales causándonos una impresión conmovedora tan bella y tan grandiosa.
Desnuda al descubrirla que lanzamos el ¡Ah! De admiración el éxtasis de ver ese gigante cuerpo de blanca anciana saliéndosele los pies de los barrotes.

Esos rotundos huesos de guerrera que estuvieron luchando por el mundo sucio de nuestra España sucia en aquellos años en las trincheras de mujeres y hombres.

Entregando su rojo pañuelo al enemigo. Cuerpo a cuerpo pecho a pecho hacia la muerte o la vida o la verdad. Diciendo cara a cara "no pasaréis. No pasaréis de aquí, mientras la vida en forma de destino no nos mueva de aquí o de ahí".

"Dolores", le decíamos, "te vamos a curar. Te vamos a vendar los pies que los tienes llagados... Te vamos a poner una camisa limpia blanca blanca como la paz. Muévete, un poco, cariño, consuélanos...sigue cantando Asturias."

Y así se fue.

Cantando.

De aquí a la eternidad.

-----

*Para que tú la veas*

Está ahí
ahí,
durmiendo,
seduciéndonos,
la bella de mil años,
con sus 15 cabezas naturales.

Ha venido a caer en mi arrebato este principio
y exceso de inocencia.

Ahí está, durmiendo y reclamando. Yo no sé...

Dulcemente se aprieta a su sonámbula.
Es mi hija, mi hija adolescente, la bella
formación, la silenciosa.

Cómo pasar mi tiempo de insomnio sin abrirla,
sin rozar su candor y su exterminio.

Ahí está la niña de mil años, la flor fugaz
que no me pertenece.

Está su ropa azul y sus zapatos, su cabello
azulado de antisépticos.

Y la nariz azul y respirada por el azul de ti,

la boca toda azul,
los pechos baleados por el azul,
el sexo dividido por una raya azul,
los muslos para el azul del mar


irán


Y los pies azules con sus uña azules serán
para la nieve, yo lo sé.


Ahí está,
formándose,
marchando,
la blanca mariposa hacia su vuelo.


Yo la contemplo ingrávida, inconsciente,
desde el amor que tuve con su hepático padre,

y ahora viene el pútrido de hace más de tres años
que nos murió,

y llega ensombrerado, llorando por la
niña,
con su secreto absurdo del idioma de los muertos,

llega a mi luz nerviosa el escombro de
su infanticidio.
Ah, pero duerme mi bella ensimismada,

duerme en su experimento transparente, en su
color azul de víctima suprema.

Y nada puede ya volver al mundo aquella filmación
de su semilla o aquel papel acuático
de nuestro desconsuelo.


Se ha cerrado la puerta. Un cósmico equilibrio
desplaza las paredes.


Sólo los bellos
ojos negros de Ana destiñen el azul.

# OCCIDENTE

*"grande es el misterio del lenguaje; la responsabilidad ante un idioma y su pureza es de cualidad simbólica y espiritual; responsabilidad ante el idioma es, en esencia, responsabilidad humana"*

Thomas Mann

## EL PIE

26 huesos 19 músculos 50 ligamentos.
Esto es un pie y su piel
la sagrada huella de la evolucionada
posición erecta todavía caliente
desde los siete pasos de Buda el pálido
la huella de Cristo
caminando por el monte de los olivos
y la noche.


Toda la dignidad de nuestro punto débil
está en ese talón objeto de deseo
que camina hacia el cosmos
depositado el vuelo de Visnú
en el universo sexual
de cada punto del pie resplandeciente.


El pie vendado
de las mujeres chinas que
mutiladas,
así,
caminan
metafísicamente
con una sutileza

incomparable
y una marfil
humillación
encadenada.


En miniatura todo
nuestro cuerpo reflejado
en el pie.


Los indios y los egipcios ya sabían
que el insomnio
la fiebre la ansiedad los vértigos
y tantas otras clases de enfermedades
y los sufrimientos del alma
se curaban
con el cuidado equilibrado
y sinuoso
del pie.

Ya lo sabían.

Pero nosotros vamos caminando
con botas
con zapatos de piedras
chispas de infortunio
no encontramos
el número exacto
para cubrir
la delicada raíz
de nuestros sueños

de volar.
Volar con unos pies de cera
y gota a gota
irnos levantando.

## ESCUELA DE DANZA

Como encarceladas las niñas vivíamos internas en un estado melancólico y ausente de dulces mariposas atravesadas de silencio.

Llorábamos de noche entre las mantas como pequeños cuerpos de soldados necesitados de calor y fuga.

Así es que teníamos revelaciones y movimientos irreales
sonambulismo y desapariciones algo que los profesores atribuían a tristeza cosas de adolescentes como mover los muros y atravesarlos sólo con la cualidad del sufrimiento.

Aunque hubiese sol los días eran grises.

Los padres llegaban en sus coches con su belleza de hielo y la ropa que mamá doblaba en los paquetes.

Eran brillantes las gafas de la Señorita que nos abría la puerta para el paseo miserable y después nos recibía con los ojos cerrados para no ver la privación que traíamos en la cabeza oscura por haber respirado un poco de crepúsculo.

Entrábamos fingiendo derrotadas sujetando los chocolates y las palomitas entre los pechos y los ojos bajos para que nadie viera las lágrimas feroces el tintineo de la medalla sobre el corazón la palidez de la cara y de los labios.

Y volvíamos a la tenacidad de los tobillos a las salas sordas de persianas bajadas a los grumos de los cereales a la estricta dieta de la tristeza de tres platos para crecer fortalecidamente como los demás pueblos rubios europeos del norte al que se adoraba.

Después supimos que más de la mitad de Europa (la del Sur/ siempre es el Sur) se moría de hambre injusticia cárceles e incultura.

Pero nosotras en aquel silencio murmurado sólo se rompía con la voz de la lectora y un piano sonando siempre contra todo el silencio /contra todas las trampas de la danza y nuestra conducta.

## ESQUELETO

Son sus ojos dos libélulas negras
volando por la cara.
Lo demás esqueleto femenino.

Generación tras generación
es esqueleto inmóvil suelto
átomo de los látigos
agua
reparto de los aires
esqueleto en busca de zapatos
dignidad
pan
algodones
torcer seda lavar
nacer nodriza dama o campesina
esqueleto llorando por un bolso y un peine
nariz por un perfume
sangre en busca de casa de tabaco
hijos de dios varón amor doméstico.

Es esqueleto para equivocarse y avanzar
cansarse
dar la vida
coser

dormir
sangrientamente trabajar de sol a sol.
Un esqueleto mito de la muerte
que viene aquí a nacer
tierra celtíbera
otro dios
majestad de la limpia agricultura.

El esqueleto que no tiene memoria
y come vaciado de amor
escribe en la pantalla.

## EMIGRANTES

Llegamos al atardecer. Hacía frío.

Había esa luz dorada y como triste que va extendiéndose sobre los sentimientos de quien va buscando la misericordia de la vida.

Mamá nos hablaba con voz frágil colocándose el pañuelo de caballos y monedas, muy sensible, tal vez sentimental, recordando lo que habíamos dejado, con un brillo terriblemente oscuro en las pestañas.

Mi hermano, con sus gafas de niño antiguo y bueno nos miraba, callado, con aquella expresión de asombro y de tristeza que algunos hombres conservan para siempre.

Habíamos bajado del coche  – el primer coche rojo que papá se compraba – y habíamos mirado alrededor
translimitando la realidad y la amargura.

Sólo mi padre, aparentando ilusión iba y venía, entusiasmado, de su coche al círculo de mi madre

y los niños.
Iba y venía como mágico de la radio a mi cabeza, acariciándola, diciendo:
"Ven, mater amantísima, aquí está nuestro futuro. En este lugar tendremos muchos amigos y seremos felices. Ven."

Yo, siempre dispuesta a dejarme convencer por la alegría, me fundí en mi padre imaginando el mundo lleno de regalos
que nos esperaba...


Ahora, apenas puedo recordar todos los años tristes lejanos que vinieron.


Éramos un grupo, aquella tarde, de emigrantes perdidos, de fantasmas ingenuos junto a un coche.

# OCCIDENTE

Occidente se hunde lo mismo que Venecia. Lentamente hace siglos se queman sus modas su moral. Sus ciudades sus signos epilépticos. Sus ruinas sólo sudan turistas con sus tópicos.

La belleza pervive dicen los que lo han visto. Visitar residir en Praga / Salamanca / en Quito o en Sao Paulo / en París, / New York, / Lima, / Ciudad México / Málaga / Barcelona / Cáceres / Luxemburgo / Madrid / ir a Sevilla / Bruselas /Rotterdam a Santiago de Chile /Boston, San Petersburgo/ La Antártida, Cracovia o los Fiordos o Géiseres... es un ballet de sueños estadísticos que algo tienen de mí.

Un jugueteo rápido de media clase a plazos. Un bien resplandeciente de la curiosidad humana.

Pero ya están ardiendo sus siglos imperiales. Su vejez ensombrece la excesiva opulencia de los avariciosos.

La vanidad humana oscurece sus leyes de codiciosa amante.

Las religiones turbias obscenas y canallas. Las nieves y los mares están ennegrecidos.
Otros mundos cercanos están abriendo Europa.

Rogaría que todo esto se hundiese velozmente.

La belleza es de todos y ha de ser repartida
la belleza es bondad justicia y equilibrio.

La ley de Dios magnánima no mira hacia nosotros.

Que venga otra humildad para mis hijos nietos

la nieve el agua /sal/ para mis semejantes.

## LA NEGRA

Lo negro de La Negra siempre viene
llegando de otro mundo.
De la tierra del ébano y las uñas enronquecidas
de la dificultad.

Vino del mar de los braceros con sus finos tobillos
y las plumas de aves.

—dicen que las partículas del aire no alteran
el ADN humano.—

Ah si resucitásemos de allí
llorando
por nuestra eterna memoria deportada.

Ella nos hizo y trae el peso de la especie
el doble sueño lúcido de un sutil Neanderthal
cruzado con la más bella mujer inteligente.

Lo negro de La Negra es este mundo en otro:

Hocico contra hocico. Animal con persona.
Pies con uñas y zarpas. Amor sin crueldad.
Vegetación con barro. Lentitud con petróleo.

Prudencia sombra tiempo.

Viene hoy
como una errante escultura prehistórica.

Negra y de la tormenta viene La Negra aquí
hija de otra del resplandor y la negrura destilada.

Viene y no se queda jamás en nuestro maleficio.

Ah sí resucitásemos de allí
soñando
por nuestra eterna memoria de salitre.


Lo exacto es que La Negra es una variedad genial
social
la más gentil
opción
de los helechos.

## SINÓPSIS DE "LOS OLVIDADOS"

Veo a mi madre que se lava los muslos con un vaso de leche miro cómo sus ojos están llenos de lágrimas los dedos los pómulos los brazos su cuerpo/ su cuerpo es una escena de vida camisón blanco leve/ la cubre/ me pide otra caja de leche de la más barata aprovecha las últimas gotas se las bebe La leche de la palangana cubre sus pies la esponja el algodón va pasando de un golpe a otro golpe de una sangre a otra se baja el camisón la espalda es roja recojo el cuervo blanco de la valla y lo lanzo lo más lentamente que puedo por la columna el pico se lo pongo en cada herida "Mamá me pondré a trabajar mañana para ti en mi taller no robará nadie no pegará nadie a nadie el patrón no sabrá nunca que papá mató a su amigo mamá ¿por qué no me dejas nunca que te bese?" Ella me mira como una virgen con epilepsia con temblores iguales a la fiebre de amor castigado no me castigues mamá sin la oropéndola no ves cómo te quiero trabajaré por ti aunque tenga que irme con un hombre para ganar dinero camas, comida...

Qué esquiva eres/ Qué bella es mi madre por la espalda el cuervo nival bebiéndose la leche/ mi camisa ahí lavadita por ella para ella verme blanco y no recuerde más los tratos malos de padre sólo la blancura el algodón la nieve las películas todas de Buñuel.

## LA PROFESIÓN

Cuiden a la muchacha desempleada
la del paraguas azul
en la valiente máquina del cuerpo.

¿Dónde apuntar la lluviosa profesión
de esta mujer?

Con un suéter naranja de cuello panadero
se desliza en la noche de cara estrangulada
se va
de bar en bar buscando su objetivo.

¡Ah la vieja silueta de su sujetador
en 90 centímetros de encaje desprendido
la negra luz de un fuego
movimiento de río revelado
red de Historia y arcángel destructor!

Así se alcanza rigidez
atrevimiento.

Cuiden a la muchacha sigilosa
que fuma
arrogante

como si fuese amante de Baudelaire
o en busca del paraguas más privado de Rimbaud.
Cuiden su profesión
con un diálogo de música y permiso
con un cuchillo de matar el hambre
con la irrealidad
y la nevada
con el dinero que cobra
en su estricto trabajo.

Cuiden de ella
que puede encadenarse
envenenarse de mercados y anestesia
o de otras perfecciones materiales.

E imperfecciones de acoso laboral

## ALAMBRADA

Hay una alambrada que parte en dos la vida entre la gente normal y los modelos.

Yo estoy entre dos aguas haciendo un reportaje y me duelen los ojos de apretar tanta ráfaga y tanto lujo y éxtasis.

Me duele el otro hilo de la fascinación me sangra la opulencia y el fulgor de los bellos.

Rimbaud debiera estar aquí o allí marchando en su caballo desfilando el enfermo sobre la pasarela y venir a ponerme la máscara más cara antes de que me trague el último sollozo o me muera de una liposucción.

Debiera estar aquí mi confesor mi maestra de baile mi padre debiera estar aquí para instruirme la ventilada nariz y prohibirme seguir en esta estupidez morir en esta jaula para los vencedores llevarme de aquí al mundo de los míos

Siempre hacia la religión biológica de los aventureros.

## ANATOMÍA DE UNA FOTO DEL POETA

*A Juan Antonio González Iglesias*

Tengo un pensamiento de irrealidad al mirar esta foto. No veo lo que se ve desde la tierra sino lo que desde la tentación del músculo al abismo de las estrellas se ve. Y por el túnel de la obsesión que mi ojo nebuloso separa, trazo a trazo, voy juntando un haz de sombras y de ráfagas.

Esta fotografía de mi amigo es honda.

Reproduce su alma y un trozo de su cuerpo que –más que músculos faciales y cabello cortísimo– contiene el extracto verbal de un niño fascinado.

Es la belleza personificada de un instante en que la luz entró y el dedo de la lúcida fotógrafa apenas apretó lo que atrapó para siempre para todos.

Y ahí está: el español poeta pensativo, convincente, amniótico, llegado de la fascinación de lo invisible a la veloz diapositiva del gimnasio.

Sí, seguramente viene del gimnasio.

Y por la grave virtud de mi arrogante miopía –pedante yo, atónita o enfática– hoy tengo el raro privilegio de seccionar sus músculos.
Es santo todo lo que se divide

Mirad: El zigomático mayor desplaza la comisura bucal afuera y se dirige, por la vena facial, a la tristeza atenta de los héroes captando rescatando la sigilosa sensualidad de la lenta circulación del vaho de la boca.

En el transverso de la nariz se aprecia la eminencia alveolar del incisivo lateral y un resto del canino acabando en la porción dorsal de las alas de la nariz por las que, en forma de abanico castellano, este poeta expira el aire de la transparencia y la poesía.

Desde los orbiculares de los párpados se intuyen las crestas lagrimales y de ahí se desprenden fibras fibras vegetales de olmos y de álamos en un peligroso estado de desaparición, enfrente de su casa.

Que siguiendo un trayecto vertical irradian agua y sal en la piel de los pómulos y caen al Tormes que se va en la nieve.

Del músculo superciliar se alcanza la profundidad de la parte interna de la ceja negra, revelando el origen del abombado hueso frontal de donde rodeado de invención, revolución y sílabas, emerge la raíz del pensamiento, de este sediento de limpieza plenitud.

Sobre el curvo cuadrado de la barba se fija el estrato profundo del agujero mentoniano, que, pegado al tejido cutáneo, delgadísimo, aflora un vello inmaterial, tan leve, que ni en 2000 años tendrá necesidad de rasurarse, este vidente poeta interminable.

Cubierto por la totalidad de los otros músculos bucales le veo la banda arqueada del bucinador a nivel del maxilar y los otros molares que han decidido comprimir los labios las mejillas (sensibles al Atlántico) sobre las hileras dentarias, para dar a su rostro esa mixta expresión de coraje en dulzura detallada.

Y así están sus ojos relajados, tras un brillo y un peso que no son de este mundo ni del otro, una inocencia central y luminosa con una oscura reflexión de santo:

Negros como el afán de un gótico secreto, soplados por la seda ilegal de sus pestañas, abiertos, abiertos al amor, sublimemente abiertos a su madre que lo gestó así hasta septiembre.

Así lo hizo de singular delicado así de bueno como es y fue en la foto, en la vida tan impecable, varonil y comestible.

## RENACIMIENTO

Con las galas de la sabiduría comienzan a ataviarse algunos hombres para asombrar al mundo y a los ignorantes.

Perfeccionarse para ilustrar con su luz a inferiores sordos ciegos cojos de conocimiento.

Se hacen cuchillos de guerreros de cien años revoluciones de bellezas inimaginables vibra la economía la iglesia el cisma locuras puertas bulas guardando servir al Señor sin distinguir quehaceres.

Y de entre todo este tiempo vergonzoso una cabeza se alza luminosa: Francesco de Petrarca el gran poeta y humanista de Arezzo que en el más brillante latín conversa imaginariamente con San Agustín sobre lo que más preocupa a un gran artista: El deseo de gloria con su vanidad o el de llevar una vida humilde y retirada.

El mecanismo terrestre del Renacimiento fue contado en la historia como una estrella más de las estrellas.

## EL DESFILE

El arrogante poeta
el preocupado salvaje
tiene colgados del techo todos los poemas
de su revolución.

Este español mediterráneamente delgado
el pequeño salvaje
con el trasero en punta de los flamencos
camina por su casa bajo los textos
que su pareja le armó para comer.

Apuntes de mujeres encima de su cama.
Apuntes de diseños y estructuras sobre sus ojos
grandes con lentillas azules.

Como Napoleón caído sobre la nieve
levanta los ojos fascinado
mira el romanticismo la osadía de sus papeles
plisados
plumas tribales
flecos gasas tules endecasílabos

mira qué atormentado porque se acaba el sueño

ese poema único realizado en seda color oro
como
una capa negra de charol que lucirá en el atrio
como un cántico final al aire y a la noche.
El arrogante poeta
el preocupado salvaje
contempla el espectáculo de su obra última

Está sólo y cansado.

Mañana
es el desfile de las tropas.

## DIARIOS DE HONOR Y GUERRA DE UNA FATUA INHUMANA FUNCIONARIA NAZI

**N**evó ayer y anteayer. Hoy es el día 15 de febrero del año más salvaje.
Las gafas que utilizo eran son las de un judío moribundo
Escribo aquí en el campo de Auschzwitz
el que llaman de las atrocidades más eficaces
y graves de la historia.
Como enfermera funcionaria pasé paso trabajando/ aunque no estuve especialmente de ayudante
ni aún había nacido
pero sí estuvo mi alma en otro cuerpo
observando cómo se hacían
deshaciendo muertes manipulaciones genéticas
se hacían
respirando experimentos
sin respirar
hice el amor y el odio
pederastia
abortos ascos
metros de agujas cráneos agujeros
en niños niñas
adultos sometidos a los mismos trasplantes pruebas
nuevas medicinas de mis S.S.

Voilà
Necedad suplementaria es mencionar detalles vulgares
como
cuándo una oreja es oreja
o si en una nariz cabía otro orificio
Abismada por el Doctor Clauberg
adoré su alba sobriedad al decidir qué técnica de esterilización
sobre mujeres hombres
observamos: (Nada ha sido dicho aún de aquello
Yo lo digo porque soy muy rubia.)

Llegamos demasiado pronto ¿verdad?
Pero continuamos aquí. Aquí.
Fuimos los bárbaros que pusimos ponemos
sílabas agudas en bocas de cobayas
se leyeron diccionarios chinos japoneses con química en la bioquímica
del libro de los Muertos y el Dioscórides.
Arte más ciencia dijeron es
sembrar la viruela
el cólera  Intoxicar y desintoxicar
con Phenol. Cegar. Ensordecer.
Quemar una divina mano orfebre violinista

Vi casos y casos de  asombroso rigor médico clínico.
Nunca me involucré yo tuve
tengo una doble moral para cada pensamiento
en cuanto a belleza y arte se refiere
Llevé y no llevé cuentas de Economía Sanitaria

mobiliario algodón productos mortuorios
carretas de azucenas coronas bandas de registro
cabellos lentes dentaduras oro prótesis
uniformes blancos mascarillas dos gramófonos
era importantísimo escuchar los sonidos
venideros del Más Allá
de Nietzsche a Wagner
o cualquier mancha humana racial
algún defecto
escuchar si es posible la succión del amor.

Al doctor Clauberg debo mi capacidad de murmullo
por Baltutz y sus doce adolescentes nacaradas.

Se escuchó se escuchaba la dispersión magnífica del Dante
por los altavoces de todo el pabellón
largos sonidos salidos del infierno humano
caminaban lentamente por la nieve
como pacientes aves negras iban como personas
desnudas desnutridas a ninguna estrella
fueron a la muerte.

Mas
con un halo de malestar al lado estaba esa
columna de horneado aire
con olor a ciclón B
y a carne semihumana
haciendo el equivocado diagnóstico de Europa
de mi germana patria deshonrada
Y ahora ¿qué decir al mundo? ¿Quién? ¿Por qué?

Heil!

Si uso las gafas que fueron son de un judío moribundo por ejemplo ¿hay una prueba más bonita de confraternidad?

Si aquello fue como ir a dar un paseo a mi Jacob...

## FRANCESCO

Francesco: dos mujeres desconocidas vinieron preguntando por ti dijeron que eran las madres de tus hijos no sé si alguna de ellas fuese Laura no sé (la historia no registró a ninguna) sólo que eran bellas muy jóvenes hablaban perfectamente latín culto conversaron sobre San Agustín y tú del deseo de gloria con sus vanidades o la opción de llevar una vida humilde y retirada.

Iban elegantemente vestidas a la moda italiana del Renacimiento.
Se marcharon doradas invadidas por olas de misterio y viajes.
Se marcharon con esa dignidad de saber que se tiene lo que el mundo valora: amor bienestar corporal rica comida nutritiva bellos vestidos alta fama riquezas escuchar suave música salud longevidad.

Tocar oler y ver continuamente cosas hermosas o leerlas.

## BALCÓN

Y esta obstinada
inmigrante chica
que come y come
devorada en la jaula
de su pobreza
tapándose la boca con comida
contra su soledad
sólo no come
cuando llega el hijo o el marido
y le dice mandando
acuéstate conmigo
mi cuerpo
cómetelo todo
ella se niega
con toda su gordura
él la saca al balcón
desnuda
toda la noche
encarcelada allí
sin comida ni ropa
sólo las rosas
unos claveles rojos
así que se los come
como se comería

un pastel de fresa
apoyadita sobre
las rejas
la pared
tapándose más la obesidad
que el sexo
ese sexo de ángel
que ella tiene ahí
dátil lavado

o alabado
escondido con pétalos
el sexo de esta chica.

## LA REINA JUANA

Durante 49 años lúgubres pasa la reina encarcelada metamorfoseándose 20 veces al día mudada por las crisis de sus pensamientos los giros de los astros las turbulencias de sus líquidos las fases de la luz

49 años cambiándose de ropa de peinado cada día sin gel o lingerie française.

Oh reina de tu España por amor alerta a ventanas puertas apagando encendiendo los ojos los celos la amargura la demencia por amor y por sexo.

De los puños de tu camisa de dormir al alba recogen un bol de lágrimas el encaje pulverizado tu cabello teñido con limones.

Te reponen el perro labrador que te hace piadosa compañía muriendo de tristeza cada noche por ti

como tú mueres reina por amor a tu reino y a tu rey lúbrico chulo estúpido.

# AFLIGIDA Y PERRO

Esa otra
que afligida está
por lo que le dijeron de su volumen
y de su fealdad
dolida está
pisada su sandalia
y su tejido doloroso
no vive de tan humillada
no vive con fe
no vive con deseo de vivir
procura no ocupar espacio
no echar cremas a sus escoceduras
no molestar a los demás
ni hablar alto ni bajo
acalla sus esfuerzos emociones
intenta no volver si ha ido a parte alguna
se echa a los pies
a las uñas de su perro
diminuta se hace como bola
ama mucho a su animal
se enciende de grandeza ahí
qué palabras tan dulces pone en la oreja
de su animalito.

En esos instantes puntuales
ella se vuelve bella
no hay nada imposible
la persistencia hace los milagros.

Que quien pensara que es fea
esta mujer iluminada
por un rayo de sol
amorosa y amada
de animal y persona.

Pedazo de mujer
de santa bendita
amontonada.

## SEPARACIÓN MINIMALISTA

30 años han sido felices  dolorosos 30 años viviendo con paciencia durmiendo juntos 10 durmiendo separados 15 con abismos con rosas en la mesa puesta con esmero con infinita educación estilo bajo el disfraz del sufrimiento la lectura en los paseos bajo las estrellas las sombras del verano dentro de todos los átomos del agua de los regalos que se hacían mutuamente también de los regalos que compraban para sus amantes respectivos...

Ahora con sus 73 años han decidido la separación. Adónde ir... Con quién... Sin hijos, sin amigos íntimos... reproches, nada... Sólo la soledad de cada uno, solos. La Soledad espera.

Tan impalpable hoy el día tan liviano nada especial anuncia que vaya a suceder el cambio en sus vidas pero ella que estaba arrodillada tomándose el último té sobre la alfombra blanca le dijo lentamente a él que la miraba pálido: "Ya he recogido todo mi equipaje me llevo sólo la ropa blanca sólo los libros blancos cualquier detalle blanco en fin ya sabes mis zapatos blancos tu belleza tu asombro tu cabello blanco siempre blanco". "Gracias"  "Han sido 30 años muy ligeros" Blanco sobre blanco "Gracias".

## LA BULA DE ORO

El Autor presenta al emperador Carlos IV de Luxemburgo el acta sellada con cápsula de oro del sello imperial 1356 eliminando así con ella la intervención de la Santa Iglesia en la elección y corona de los Reyes  Sus vestidos son de intenso brocado en color borgoña y verde bordados en oro y alguna plata poca
unos 600 gramos.

Lo que pesaba
un Imperio
por entonces
no se puede medir:

Las medidas de ahora
son tristes como voces de barco
campesinos/ carros de
labranza, reyes y ricos
se confunden con una
manada de ovejas
religiosas.

# TRASTORNOS DEL VESTIR

*El traje dibujará y pregonará la belleza del cuerpo.*

Ovidio

*La moda sólo ha podido arraigar en Occidente, en el mismo lugar donde se desarrolló la religión de Cristo. No se trata de un fenómeno fortuito, en el caso específico cristian,o un vínculo íntimo, aunque paradójico, une al Homo "frivolus" y al Homo "religiosus".*

Gilles Lipovetstky

## MODISTO Y POESÍA

Busquen en la conciencia del modisto
la poesía
la rosa móvil
física de la pasión
que ha rendido a Occidente.

Lo dulce y lo geométrico del aire
que está por dentro del vestido y el perfume.

Busquen en la cálida materia del vuelo y los veranos.

La línea de cada lienzo bellísimo y desnudo
de lo ingrávido que cose.
Lo inalcanzado de sus morfinas y sus larvas.

El corazón furioso del hombre dejadlo en paz
quejándose de frío
en esa dimensión blanca de las camisas.

Esos coleccionistas con alas de tocados.

Los más bellos modelos
con sus proporcionados volúmenes y vueltas.

Busquen en ellos la luz de la poesía.

Busquen la luz de la palabra
y el dibujo alumbrado del modisto.

La rosa pespunteada de ese esfuerzo final
del que vas a comprar toda su vida
para hacerte un traje de misericordia
y no pasar más hambre y no hacernos más muertes.

## CONDENA ILEGAL

**I**

Sólo tú, bella chica de revista italiana te pareces al humo de tus curvas centésimas. Leve, dorada, muda, relámpago del sueño, pájaro en posesión del viento y de la tela. Una azul camisita anudada al ombligo y una braga de licra mojada de champán. ¡Qué soberbia tu sombra planeada en la luna!, tus músculos de carga que sostienen el viento.

Tremenda redención para los que vivimos mirando, trabajando para ti, nunca libre.

Y otros cruzando las fronteras los ciclos sin un sólo vaso roto para beber su agua envenenada.

## II

Glacial sustancia casi muerta pasa actual, moderna, plisada, femenina al máximo, con un vestido baby doll blanquísimo, proponiendo hielo y una mano muy blanca.

Será seguramente la chica más difícil. Igual que las escamas de un pez abandonado, refractaria culebra, se sienta en la terraza niebla fría, pie de oro. ¡Qué sola! ¡Qué nocturna!, sus ojos negativos. Quien la mira comprende que la muerte es muy fría y que su aliento es velo de terrenal ausencia.

La chica más difícil se morirá desierta dentro de una pulsera de carbón ionizado.

No pasa por la calle un solo ser humano/ es sólo un fugitivo vestido de extranjero sin papeles ni ley un clandestino hablando a su fantasma sin motor un desaparecido de su pueblo,

de aquí de este papel de esta ropa colgada sin ventana.

## III

Shorts de seda lavada, zapatos color crema, blazer y chalequito de estampas tropicales. La chica se recuesta en la fría farola y nos mira a los ojos riéndose del mundo.

Tan alta está su cara —es concreción altiva— que parece una fuerza con todas las defensas encubiertas.

Y aquí nos detenemos y miramos la foto continuamente atentos a ver cómo se esfuma la belleza la gloria

la gracia en este papel de celulosa gris que matará la selva.

## MAQUILLAJE

Pinten a la modelo su carne de cristal
con el negro y el blanco.

El blanco luminoso soporte de todos los colores
comunicado con el negro vibrante
llevado hasta su paroxismo.

¡Sí el blanco!
el blanco reflector tan español
para crear una trama de luz sobre la cara
aplicado en las zonas de más sombra:
contorno de los ojos
laterales de la nariz y hueco del mentón.

Después nº 4 Lotus
sobre las zonas de relieve:
frente pómulos línea de la nariz
barbilla violentada de acné por un amor
prohibido...

Difuminar el conjunto con una esponja
humedecida de oración
difuminar la parte prominente del hueso de los
pómulos

con una brocha gruesa
como de sufrimiento.

Y en los ojos el negro. Así:
dolor frente a dolor.

El pasado dolor que vuelve
anocheciendo.

Para multiplicar el efecto del oscuro
extender sobre los párpados
los colores nº 2 Tierra y nº 10 Ceniza.

Pinten a la modelo con un aplicador humedecido
en Ombre esentielle nº 1 Ébano
o en su nº 4 Noche.
Noche de septiembre (La recuerdo.
Aquel ultraje).


Acentuar el efecto gráfico y magnético
con un toque del 5 Luz
en el ángulo interno del ojo: celda y llanto.

Allí donde ella ve las sombras de la luna
y él la vibra a ella con sus seducciones
palabritas de amor y modos masculinos.
(qué fácil le fue abandonarla)

Pinten a la bella los labios
con el Fard à levres nº 29 Café

para crearle una sonrisa diluida en un halo de ron.
Emborrachar su inocencia.

Le pinten las uñas invirtiendo los colores:
Una mano con las uñas blancas
y la otra
con las uñas azul marino
el 3


ánima angélica
de occidente
velándola.

## ANORÉXICA

Entre las bellas anoréxicas hay una
lanzada al aire de la muerte elevándose.

Obstinada la austera
se cuenta las costillas y la pelvis
se duerme en pie
para no digerir.

La bella es sangre de esqueleto
translúcido
es aire y huevo de lo ido
de la histeria es aire
de lo fugaz
de la velocidad agujereada.

Tensa la hermosa
y rígida la cuerda de su cuerpo
es cáustico
vómito y nervios autoenvenenadores.

Es como un arco a medio enloquecer
prohibido
sedienta
hambrienta

el dibujo de su estructura
es sólo un pensamiento.
o hay sustancia en su máquina
es artificio de la crueldad
su libertad su boca
el estómago blanco
el recto loco de sacrificio
y éxtasis.

Es la bella anoréxica lujosa
que va a morir mañana
sin desayuno
con la privación de la hermosura.

# TRIUNFADOR

No le pidáis una sonrisa si no es tirana cínica o salvaje a ese divino.

No vayáis a abrazarlo para decirle que él es el gran modisto de Occidente.

No le beséis en su cara roja y blanca o en su altivez de rubio que fue rubio y ahora es un hombre cano. No. Nada de eso hagáis.

Rajadle cada tela que escribe y a ver qué tienen dentro sus palabras punteadas el diccionario que usa el vocabulario del amor y de la calle.

Abridle el estómago a ver cómo digiere el verbo caminar. Abridle la cabeza a ver cómo dispone la sintaxis de los pantalones qué tiene dentro además de sangre bombeada y viejas arterias y válvulas hundidas.

Miradle en esa foto que se ha hecho para el programa cultural y está coqueto con la manita tocándose la cara con un dedo estirándose el moflete y otro rozándole el labio inferior que ya sabemos que es el labio de la concupiscencia el labio del deseo el de besar otra boca y otro labio inferior que esté escrito en su signo del zodíaco.

Miradle qué provocativo a sus 58 años caminando como el rey de la selva y la lujuria con esa chaqueta cruzada azul marino con esa doble fila de botonadura como un almirante de la vieja Europa que hubiera nacido para mandar el barco colosal de las puntadas.

No os acerquéis a él clientes y modelos desconocidos y curiosos. Es un amargo él uno de los personajes turbadores que se preserva destruyéndose en el profundo sitio de su desgarradura.

Acercaos a él solo cuando esté muerto
y vuelva a ser humano
y ya no pueda ver las lágrimas de nadie
que causan su costura y su estilazo.

## XXI

### I

El concepto de la belleza
no es unitario ni objetivo
mira
viene un abrigo largo con leotardos rojos
una capa de color tierra quemada
con una falda muy corta
sobre unos muslos de rosa y de ceniza.
Quizá
tampoco
la moda es eso que perciben todos con la misma sensación.
Ves
hay un multicolor tubo de gente en la calle
textos hechos a mano
transparencias
te veo la piel del alma
como te veo esa piel ecológica
quien esté sin culpa que tire las primeras piedras
a tu traje de noche, translúcido

y las gorras de los obreros tema Texas
para el bello que pasa con el pan.
Es un lujo añadir lujo a todo lo que somos y no somos
una jerarquía de gustos y manipulaciones
que por cuatro cosas necesitamos
cerrar y abrir los ojos
para enfocar mejor lo que vemos y vamos a comprar
esos modelos rigurosos
anudados en la editorial veo
con mis gafas de sol
ellas van con flecos y corazoncitos
ideamos rayas en el agua
lana de noche lino

un euro aleado triste es ya como la luna.

## II

A veces la dolorosa y frívola necesidad
de formar parte de la tribu
nos hace horriblemente vanidosos
—por ello más bellos o al menos más exóticos
más límites—
nos transformamos con una tela u otra
con unos zapatos blancos
o marfil.
Todo en color hielo hay
un caballo hiperprovocativo en la puerta de la disco
que viste parka blanca con puños
rematados en piel magnificados.
Se modifican los modales y el modo
de comer o de sentarse
la piel se modifica
se corrige con paletas de okume
con pinceles de cambiar la forma de una nariz
un beso tan lejano que hay que ponerse gafas de cadena.
Esa lejana evocación Fortuny
pone en el libro una leyenda de oro
sobre una dulce boca que debes recordar
y no olvidar jamás que alguien te amó
burló la ley del siglo XX
ay cambalache

pasó
pasó
ay cambalache todos
nosotros ahora
aquí

en el XXI.

**III**

Todo se subjetiva con un pequeño cambio
de concepto y peinado.
Y si las grandes aguas de la moda literaria
vienen arrastrando mundos
de otros mundos a éste
trae la moda un modo diferente que asumimos
con un riesgo parecido al amor
cuando te encuentras sin saber qué hacer
si alguien te gusta mucho relampagueante
te estás enamorando
deseas poseerlo ilógica
desenfrenadamente
ya sea con unos pantalones de lino o una camisa
mao
que nunca te hubieses puesto en otras
circunstancias.

Así es de fácil es
difícil
esto de vestirse
escribirse
desnudarse
saber poner los pies
beber
viajar hablar tambalearse.
Todo tiene su ciencia

todo se hace por llegar
a cambiar los idiomas de la belleza
de la carne.
Del pensamiento el alma
de la soledad.
De los miedosos mentirosos
espíritus que somos
y necesitamos alimentarnos con algo más
que la extrañeza de lo efímero.
En el 2000 y en el 3000 también.

Ay cambalache de los cambalaches:
Nos ha "fallao" la vida.
Nos ha *fallao* la vida.


Pero baila mi vida. Me elevo y danzo
sobre mis tacones.


Leo la carta de Kafka a su padre y es lo que me redime.

## BULIMIA- ANOREXIA

Amig@:

Si tú no controlas las calorías mediante el acto cuadrúpedo
de devolverlas al servicio retrete tierra mar río suelo o subsuelo cualquier lugar que no sea el lugar ansioso aniquilado
agriado de tu estómago frágil
habrás conseguido con una vez y otra con esta mecánica sucesión de veces devolverlas conseguirás meter millones toneladas
de comida buena comida o comida basura pasteles o pescados/ igual da
lomos o muslos piernas o entrepiernas hojaldrada o compacta


ardiente fría comida residual
a oscuras o a la luz/ da igual amigos
con amor o con odio decoradas o sucias
en tu soledad o en tu dolor azuzando tu talla sin consuelo tu imagen sin victoria sobre ti.

¿Qué habrás conseguido?

Cuerpo infeliz: que el cirujano reduzca tu estómago con balón o con cinchas para 6 mm de capacidad.

Libera tu cintura tu ceguera siente tu peso libre fulmina tu destino de servidor de él.

Tu madre te adora tal cual eres.

La muerte nunca es vicio.

El hambre siempre surge de cualquier ansia o pena.

PRUEBAS

Las niñas de seis o siete años empiezan a pintarse con los potingues de mamá.

Ante espejos del dormitorio subidas en los bancos forrados de terciopelo azul se contemplan misteriosamente maquilladas con un temblor ese miedo a lo que ven.

Con una ligera crispación en los desnudos hombros y en la boquita roja.

Saben que tras esa oportunidad vendrán las otras, en que balbuceando, pedirán sangrar por la nariz para convencerse de que cierta belleza es posible siempre.

Ya sea destrucción en la dulzura o en la ofensa.

Hay niños de esta edad que también suelen hacer estas pruebas silenciosas.

Son espíritus puros. Pero adoctrinados por la publicidad y algunos padres, rayan la paidofilia.

## 94.000 EUROS

Adónde va ese hombre / con un reloj bucherer de Lucerna / un tourbillon de 94.000 euros — lo que cuesta un piso aquí, para una digna familia normalita—

Ese hombre tan refinado indicándole fechas en su aguja central / y en marcha de 70 horas o de 24 /

¿Adónde va?

¿A dónde va con su exclusiva pieza de movimiento en *house*, /calibre manual disponible? ¿Para qué?

Por qué tiene esa necia necesidad de controlar el Tiempo /. Si él ya no tiene el que quisiera tener / pues ya rebasados los 80 inviernos. ¿A dónde quiere ir / llevarse ese *peluco*?

Si los gusanos están hartos de técnica /. Si estamos esperando / que esta gente deje de consumir / estas patrañas de lujo dispensable / ¿de inutilidad?

¿A dónde vas/ querido?
¿De qué vas?

## PIJOAPARTE

*Para Juan Marsé*

Inocencio se llama pero lo llaman Inoc.

Aprendí/ dice/ que la mejor escuela de arte para robar / es hacerlo sin ningún disimulo / descuidadamente /.Dice este muchacho de 24 años / cuenta que en su infancia sólo comían pan y queso / viviendo toda la familia en una sola habitación/ del extrarradio.

Y / hoy rico /multimillonario / solemnemente explica / que su obsesión con el pasado es el espejo / en el que se refleja / divamente / su futuro.

Sus raros canturreos / en los que abundan el yeah /yeah y el / baby / baby

Este cantarín igual que muchos otros/ bipsperista/ va peinado con un look clasista / de los años 50 /expone que lo hace para dar respuesta a los profes del insti /inglés / que lo amenazaban con raparle su linda cabellera larga y fuerte / y así, por eso/ sólo por eso/ amplía/ se ha inventado esa especie de pelo, a lo Donald Trump/ porque exclama riendo como un pijoaparte cómo viste la gente: no me gusta como viste la gentuza de hoy. Lo mío es una idiosincrasia personal.

Te deseamos suerte/ pequeñajo .
Pero sigue  con el pan y el queso en tu bella cabeza de chorlito hortera / con linaje quebrado y disonante / apático. ...
que sólo por una Teresa teresiana se interesaría.

## COMPRAR, TIRAR, COMPRAR

Desde los 11 años
hasta los ingenuos que comenzamos
a detestar la etapa de madurez maravillosa
o incluso los de 80 o 90 que no valoran su vejez
aparecen heridos todos
por los extremos calentamientos
mecánicos del músculo
el aire los sudores
los metros y centímetros de lágrimas
austeridad tobillos padeceres.

Los esclavos de su juzgado cuerpo observador
de la mañana a la noche
controlando kilómetros de sueños
paz lecturas
negando calorías dietas pulso música
conversaciones... No sé.

No sé si es el temor a que la casa del cuerpo
se nos venga abajo
o qué será
qué
esa emoción
vanidad será

ese concepto de nosotros feos como fuselajes
oxidados
siempre estamos trabajando en eso
día y noche en nuestras operaciones del cuerpo
reflexivo
ejercicio del músculo el cerebro
máquinas implantes nos quitan y nos ponen
somos mujeres hombres
jóvenes y ancianos
ricos pobres
espíritus
da igual el estrato social de los esclavos del
cuerpo
nos hemos extendido como mancha de aceite
sobre el agua. Gastamos y tiramos.

Los tintes los gimnasios
rayos son para todos un diario quehacer
tanto y más que el trabajo purificador
o el envenenador
más que las relaciones sociales
o el de las parejas poco enamoradas.

Hay gente que se maquilla permanentemente
o permanentemente esclavizada
va de compras comen
meriendan cuatro veces al día
nos depilan con láser el vello para siempre
nos blanquean los cuatro dientes delanteros
hasta la obscenidad
volvemos al ejercicio terrorífico
a escribir con gafas de lejos o de cerca

calzados con unas horteras zapatillas de marca
aunque tomemos el que fue bendito sol
sin sol
y carne en sobre.
Morimos y morimos como moscas
locos contra mamparas de cristal
insectos mariposas
bichos repelentes la mayoría
somos.

Ah
pero una vez vi leer a un chico el Siddhartha de
Hesse sin dejar de pedalear en una bicicleta
estática.
Sus zapatillas eran prodigiosas:
tenían alas.

Eso fue un caso único.

Único en intención profunda
de verdad y belleza.

Era como las cosas que nos decíamos de niños.

Un éxtasis de aire callejero
tenía con sus japonesas gafas plateadas

y

sobre todo
era afecto lo que
desprendía.

## PROXIMIDADES

Sorprenderán las camisetas transparentes
los vestidos de mutantes
que esta primavera llevarán las mujeres.

Brindan fosforescencia
y una aproximación brumosa de los pezones a la tela
al calcio de los huesos.

Con la dulzura de la luz primaveral
vendrán los tonos misteriosos de las blusas
dejando un hombro al descubierto
que empañarán las gafas de los hombres
sensibles y voyeurs.

También las camisolas amplias en organza
en lino con dominio del azul celeste
darán un espectáculo de alimento
y figura preciosista para crisis endémicas.

Será una temporada en que apenas habrá ruidos.

Como a cámara lenta nos hundiremos
contemplando la belleza que pasa

con atrevidos efectos que no podremos descifrar.
En línea masculina
destacarán las formas holgadas y fluidas
para las chaquetas
que serán de tejidos frescos y suaves
mezclas de lana viscosa
microfibras o linos en ahumados tonos
de grises celestiales
cremosos con el blanco
pasteles azul hierro
ciruelas y mostazas
difuminados
casi inadvertidos
como la neblina de esta tarde que escribo

sí yo me vestiré como te gusta
o si en la hazaña de ponerme los tacones
volaré.

## PRESTIGIO SOCIAL

Existe
una
despiadada
obsesión
por el triunfo
social
y el ostentoso
lujo de
ser aceptado
con galas en
fiestas y locales prestigiosos
mujeres
niños
hombres
hermosísimos
diamantes de los cuerpos
talleres del alma
cultivados
en desdeñosas conciencias
emociones
aires
alcanzan
el éxito social
de pronto o

gota a gota

Con descaro del sacro
a los cabellos
con un liviano pie
sellado de violeta
clara sexualidad
salvaje o tímida
algunos ciertos seres
alcanzan cosas impensables:
más que la luna  el sol
alcanzan Tiempo.
Mundo.
Nombre.
Foto.
Pantalla.
Vatios.

Profundamente entre
ellos y nosotros
hay una diferencia eterna
e insalvable.

Nadie tiene un amigo de confianza
plena ni sociedad total.

Uno que hubo
no lo fue en su momento
cuando debió
si lo necesitó para algo
nada
se fue.

Y no hubo nadie.
Eso es como el dinero:
hay varias modalidades de tarjetas
las heridas
las oro
las platino
de iglesia o de mercado o
cama.

Lo que se premia al final
son escrituras
de bienes terrenales y de patria
atuendo estilo lujos y despacho.


El ostentoso triunfo de los triunfadores.

AVENTURERAS

Duermen durante el día y de noche con un voile de azahar salen con una falda de microfibra color rosa-salmón con chapeado horizontal gabán corto en loneta impermeabilizada color piedra zapatos de avestruz pulseras de madera salen al negro palacio de la noche a recoger las escamas de las nubes a conmover a dibujar el viento sobre el humo a escuchar las palabras más galantes y oscuras esas que pertenecen sólo a los maridos de otras.

## LOOK AMBIGUO

Con rejilla metálica las noches se cubren de austeridad de cine.

Con semitransparencias recordando las cotas de malla medievales / y al Paco Rabanne de los 80 / van los lepidópteros camino de la fiesta de infinitud etérea / a elevarse / a lo más alto / y no sólo de noche sino también de día / para un vermut icónico / solos / o con parejas.

La luz de la ilusión va caminando con el nuevo perfume de *Bvlgary* o. *C. H.*

Que vuelven las vanguardias en la moda, no sólo las de la abstracción en ropa y complementos / sino el mismo principio del surrealismo / vuelve / envuelto, de ilógica respiración / hipnótica.

Se queda el cuerpo / como el de mariposas volando por la casa / enormes mariposas de 1 metro con 80/ posadas en jarrones / cortinas y tumbonas.

Igualmente el poema se comporta como quieto o bailando con su mediocridad / o su revelación / con los más fieros guerreros de las primeras líneas.

## DINERO

Es oro plata cobre papel plástico se toma y da nos cubre/ pudre/ nos baja y nos rebaja nos eleva y matamos destruimos nos mata con máscara sin máscara desperdiciamos ahorramos escondemos abusamos robamos adoramos fusilamos jugamos negreamos juzgamos soñamos ¡ay! acariciamos hacemos leyes las firmamos compramos acosamos se debe/ se presta por dinero se roba/ se miente buenamente

se ama se odia seduce lucimos deshacemos y hacemos guerras por él se hace todo lo bueno con todos sus contrarios.

Es un dios tan honrado como dios. Es un objeto tan inherente al hombre como el hombre. Activo siempre está no hay moda modo espacio que no lo represente. Amigos da fortuna fama y héroes. Si no lo tienes tira este papel. Pasea. Canta.

Ni lo sueñes.

## ENIGMA

De espaldas la vimos caminar, toda la noche, con aquel vestido de flecos de acero tintineando bajo el gran escote.

El culo alto de un valor simbólico más atrayente que un tango sublimado.

Su majestad la chica del acero con tirantitos de cinta microscópica.

La maliciosa mujer nunca mostró la cara.

Apenas vimos de ella la perla de un pendiente.

## ACOSO

Lleva una camisa con gran escote
y piezas laterales.

Falda al bies en seda de salvaje a tono
con un collar pechero ese sujetador
visible e invisible
según camine mueva la seda floreada
según lo equivocado de las luces
según la explotación de esta mujer.

Según nosotros nos movamos
en una dirección o nos multipliquemos
la existencia de la cabeza
para ver o no ver
si la visión está empapada por la lluvia
o si advertimos que en el aire alguien firmó
los pechos de esta Señorita
inspeccionada por un mínimo jefe
acosador
venático insaciable de perfección
alcohol y complementos
que insiste insiste
en la victimada Señorita
de la falda visible e invisible

según el espejismo
el morbo
la lujuria.

## METAMORFOSIS

Con la misma línea estrangulada
en el talle enfatizando las caderas y los pechos
viene mojada la maniquí.

De dónde esta muchacha que era pobre
ha sacado ese aire de comercio
dónde ha dejado el martirio de Kavafis
la revolución de sus sandalias con suela de pescado
el negro sentido de su furiosa réplica de Goya
aquella especie de cráneo hermafrodita
ni de varón ni de hembra
sólo un cráneo sediento
interminablemente herido por las moscas
perfecto para dar indiferencia
lento para negar.

Qué diferente fue
sometida
esclavizada a otro.

Y qué domesticada ahora por los flases
los dólares los euros
las telas dóciles a la luz y al hilo.

Qué cambiazo esta negra con penas
que lloró y ahora
inmaculadamente seria y rica
anda
mojándose de lluvia
libertad.

# ALÍ

De allí
de los helechos llegó
el afroamericano Alí
al ring de américa
el boxeador más brillante y bocazas de la historia
llegó
el bello zarpazo del coraje
con su discurso oportunista veloz
pro-derechos civiles
de los afroamericanos
autoproclamados
con el pétalo rojo de su lengua
supo tocar tenaz
los corazones de los teleadictos
hambrientos de espectáculo.

Qué aullido de macarra
en su estilazo de predicador poeta
a base de músculo y carisma
en el combate siempre feroz
aún
en albornoz.

Qué contundente su K.O.
con ese bueno y dulce Foreman
tuvo este Alí
aunque
para su combinación vulgar
de misticismo y modelito pitón
tuviera que recurrir
a su calculada estrategia de freak
y perversión venial
a lo canicas de marfil con las mujeres
a las que enamoraba
con sus altas posibilidades
sobrenaturales
predicándoles que el género femenino
no se dejara nunca pisar
por otro
nadie


"oh alma mater
oh el blues de las estrellas
qué besazo en los morros para mi enemigo
mamá soy el más grande
el Campeón Campeón
Señor oh Señor lo voy a triturar hoy
canto en la noche
negro de mierda
negro
dónde estás Foreman dónde


que salga el fantasma de todos los pantanos.

Canten conmigo el blues de los inviernos
Yo soy el campeón del mundo.
Yo.Yo. (pegándose los golpes en el pecho como los bonobos)"


"Oh mi Alí
el hijo de blancos y de negros
mi amado Alí.
Yo soy la madre
de Mohamed Alí
tu negra y santa madre que te parió así

¡Mi pequeño campeón!"

## LO CHIC

Se veía venir.
Cuando la cosa se pone gentilísima
y pedante de futuro
se abre un hueco de lady
en la peor poesía
la elegancia
la refinada elegancia de concurso
llega hasta la plácida nariz
la cúpula celeste
la oreja transparente
por las espesas alfombras obra
el erizo
por la iconografía
Saulo de Tarso anoréxico circula
por las pasarelas se llenan de divos y navajas
ni un pelo queda fuera de control
todo tiene su sitio y su estructura
nada ha perdido el nombre del aplauso
un peinado se hace despeinado lo que cuesta
el esfuerzo el arte el sacrificio
esa pequeña obra de artista autista
que consecuentemente ostenta una cabeza
de mujer o de hombre.
Es una disciplina auténtica estudiada

tratada en colegio suizo o internado español
tan chic como coqueto y repelente.
Los buenos modales
no dejan al azar nada
se ven gélidos inmediatamente
transmitiendo el mensaje capilar
igual que en las rubias recurrentes
de Hitchcock
nos enviaban en su interior oculto
el más turbulento juego
de formalidades.


Así tú mismo te vas hoy igual
con tu acabado final
hacia tu ansiado viaje con los compañeros
te vas discretamente
con tu boba tendencia al trabajito
en lo profesional (enviándome sutil mensaje de separación)
hoy por fin te vas vestido
tradicionalmente a la moda universal de Zara
traes al futuro
tú siempre gélido con gafas en el aire
tan internado acabas tan chic
como mi camarero preferido del Titanic.

Y todo el dolor de este poema
cuyo fin se resume
en esta horrible frase occidental:

"nunca se está lo suficientemente delgad@

ni se es lo suficientemente ric@"

Es abusivo el proceso de codicia
hasta llegar al primer paso
de Galileo en un jardín.

## PASOS

Quién camina en la noche con esos suaves pasos embozado con armas sin conciencia sólo con unos pantalones del ejército una chaqueta con medallas una bandera en la bota izquierda y un abrigo irregular de lana azul.

Qué modo más insólito de caminar con el abrigo cogido por el cuello arrastrándolo por toda la calle hasta perderse...

Me gustaría imaginar que es mi enemigo y me ama.

## AGRICULTURA + ECONOMÍA

Ese conjunto de Shantung de seda
mangas kimono
efecto de tirantes drapeados
ese faldón armado en napa blanco de
ganadería lanar
ese corte evasé oscuro escote sin palabra de
honor
—de qué sirve el honor
en este mundo sin palabra sin dudas—
costadillo bordado de amor por excelencia.

Ese conjunto nos provoca un halo de claridad
añil.
—A mí me lo provoca desde hace 30 años—
desde el párpado móvil hasta el arco superciliar
desde la calidad del cutis en los pómulos
hasta el mentón
las cejas y los maxilares será
el arte de la economía sumergida.

Sé que se debe taponar en el centro de las
mejillas
sobre la arcada superciliar
la cristalina luz de la belleza. Se debe.

Y digo cómo:
Yo pido que se quede desnuda la modelo
sólo en pestañas crayón elles
en uñas double blanc
que se quede desnuda desnuda

que se muestre la verdadera razón de este poema
de universal estilo polvoriento.

De este poema y del tuyo también
ese que nadie quiso ni escuchar.


"La sombra de sus ojos para mí
mis espinas clavadas en el desengaño
de lo que pudo ser
y no será ya nunca".

Cómo podría verse
si tú vives al otro lado
de mi pensamiento
y no te has puesto ese conjunto de Shantung
de seda
plata

o sólo en crayón elles
o double blanc

si no estás religiosamente desnudo...
y no estarás ya más textilmente desnudo

si no ves que el arte de la Economía
con la Agricultura salvarían todo el universo.

## OCASO EN POLEY

*A la memoria de Vicente Núñez*

Dice el poeta al aire en Poley:
"Señoras Caballeros ya estamos
cerrando el horizonte".

Cubre botón y sujeta corbata
lleva el Señor del velador de al lado
chaqueta con tres filas de botones
de seda lino y lana.

Está esperando a alguien. Mira el reloj y pide otra
cerveza.

Tanto como yo quisiera mirarle las arterias
y tengo que inclinarme a recoger el mechero que
he tirado
para revisarle los pies trémulos.

Qué blucher lisos de piel de antik
y calcetines negros
se van a mis pulmones junto al cigarro que
prendo

desde abajo y desde allí hacia arriba
le observo el pantalón de Tencel apretado
con un cinturón de hebilla recta. La corbata
una clásica inglesa de celines sobre fondo rojo.
Es la composición parpadeada
sin leer el periódico simulando orgullo
occidental.


A los quince minutos llega el chico que
el Señor reconoce.
Se dan la mano y se tocan los hombros
con luminosa camaradería.


El becerrito lleva una camisa
polo de piqué de línea marinera
debajo de una cazadora náutica marino-rojo
con la que parpadeo me inmovilizo
sobre el mar imaginado.


Después de reponerme con un té
le miro las bermudas de color tostado
los zapatos kuuna de nobuk.

Imposible verle las piernas bronceadas.

Se ha puesto la cazadora sobre ellas
lívido
pidiendo un café muy caliente y oscuro.

Es verdad que hace frío. El vello
se le sube al bello bienamado.

Bajo la cazadora lleva un chaleco de ante beige
de múltiples bolsillos rellenos de otra luz. Más la
luz de la vida.
He pedido la cuenta de ellos y la mía
y los dos
a la vez
han dejado las gafas de sol sobre la mesa.

Me digo sonriente que todo tiene un precio
y más en el ocaso infeliz de la esperanza
humana...


Mirar es oro líquido.
Típica estampa del ocio occidental.

Conducta natural en cualquier plaza de Viena
Madrid
Córdoba
Roma...

También ellos sonríen. La mercancía expuesta
está
ante el aire.

Para fiesta o alfombra.
Creación o su Eclipse.

# LEPIDÓPTEROS

*La ambigüedad es intrínsecamente contradictoria e insoluble, una verdad desconcertante entre brumas y tinieblas, es la figura irreconocible, el fantasma, el recuerdo o el sueño que no puedo retener, atrapar ni conservar entre las manos porque siempre escapa; no puedo decir qué es, ni siquiera si es algo concreto lo persigo con palabras y aunque sea imposible de atrapar de vez en cuando, logro acercarme.*

Siri Hustvedt

## CRUZ A CUESTAS

Me he visto a mí misma
por dentro
caminando
iba herida
de todo lo último
mío
y con heridas más grandes
y tristísimas
de horrores
causados en la tierra.
Yo no entendí
mi andar
que era y es
como de burrito
de viuda apaleado
por las cumbres andinas.

(humillada cansada
transparente)

Mira si era yo
transparente
y que por dentro
se me veía toda

que niños y putas
me decían esto:
"dónde vas por ahí andas perdida
es eso peligroso"
"todo es guerra y será".

Me veo caminando
por el Puerto
donde nació el Poeta de los tontos

y yo tan delirante
gorda
(sí oiga porque yo y usted
ya entramos en la edad del volumen espléndido)
así aceptándolo
con mi retadora evolución
de gorda pero finísima
vaciada de toda vanidad
desconocida.

Nadie sabe quién soy
y el que lo sabe
mira para otro lado
dulcemente
—la gente a veces es tan gentil
tan educada siente tanta vergüenza de los otros—

Por eso es
será
que yo me veo por dentro
misterio es
será por mi paciencia de ahora

caminando como una bendita
por esta carretera.
Entro en el puerto
entre los barcos y los camiones
de pescados congelados "Terra"
(como colgados del cielo me veo las agallas
las anginas polares
el helicobacter pylori
de mi gastritis
que me incordia tanto)
la espalda por detrás
me veo
(síntesis de la vida)
con la cruz
el esternón con una cruz de oro
(haz de saber que no veo la amistad que
no existe en ninguna existencia
que yo tuve).

La aprieto por si Cristo existiera
y otra vez caminar y caminar
entre los camiones

hasta que vuelvo y encuentro al hijo muerto
tan bello y tan tirano como todos los hijos
de este mundo sublime.


Y hago allí
la última estación de mi calvario.

## PAREJA

Divina es la postura que adoptó la fea que secó a la pobre funcionaria suspendida de sus tareas por impuntual pedir dinero por adelantado que no llegó a pagar y todo lo gastó con ella la divina fea enamorada que encontró la fea silenciosa dándole cerezas con todo el pelo suelto firmaba sus poemas sacramentalmente con amor y clínica limpieza en los oídos vestiduras para esta pobre funcionaria rubia teñida que tenía familia de dos hijos y todas las ganas de este mundo de tirar por los aires esa vida hundirse en la que lleva ahora aquí en la cárcel —pero qué importa amor que me quiten lo vivido y lo gozado— aunque haya perdido libertad mujer furia ese estremecimiento.

## ALMA LÍMITE

*Para Daniel Rodríguez*

Prometo no quejarme jamás
Señor
puesto que todo me hiere
me encierro en el trabajo de mi alma
y ando solo Señor
de un lado a otro
perdido
no recuerdo nada
se ha borrado mi mundo de hombre
adolescente

30 años
se han borrado desde aquella guerra
no puedo recordar
excepto las cosas de la infancia
y la primera juventud
eso es lo único glorioso
en mi memoria nevada
dichosa era mi madre
conmigo entre los brazos
escucho la música que ella tiene en su boca

mi padre me lleva de caza en bicicleta
qué bellos son los árboles
mi hermano y yo jugamos a los números
salimos de la misa a los paseos
allí me enamoré
de la chica más bella y generosa...

Dónde estará.
No sé dónde estará...
No sé si me casé con ella...
No sé si tuve hijos...
Dicen que tengo 77 años
pero no
yo aseguro que tengo 21.

Aunque sólo recuerde las cosas del presente
estoy en un convento ahora
al cuidado de plantas y de árboles.

Estoy con mi hermano en la capilla
lo reconozco bien
está a mi lado
muy viejo
tengo pena.
Al otro lado hay una anciana bien vestida
sonriendo.
Me hace cosquillas en la mano
con una rosa blanca.
Suena el Stabat Mater en el coro.
Soy feliz.
Vengo de comulgar.
Tengo a Dios en mi cuerpo.

Ah Señor
tú sabes que conservo
la atención moral
para todo lo estético y todo lo dramático.
Sobre todo si hay alguien a mi lado
que me ame
y yo ame

si hay música
yo me inundo
me inundo
de amor y de belleza.

## DANZAS DE LA MUERTE

Ha sido tocado por el amor mi hijo de once años.

Por la belleza de una niña ucraniana bailarina enferma de Chernóbil.

La nebulosa de su constelación está teñida de un cruel romanticismo y éxtasis parado.

La linda muchachita va emigrando de país en país como las aves selladas por la anilla de la muerte. Su cabello dorado está colgando de la horca glacial de la calvicie.

La bella del pañuelo azul tapando el cráneo baila la danza en cruz de su tierra quemada se sienta en el bus que asila Europa.

Todas las tardes mi hijo mira el dibujo añil que ella le hizo de un corazón atravesado por la flecha de su boca sin sangre cautivada.

La inocencia es aliento de belleza suprema.

No le diré jamás que aquella muchachita llevaba
en sí la muerte.

La enfermedad terrible que extingue la belleza de
las niñas que bailan para los europeos
las danzas
crepusculares

danzas macabras de Occidente.

# ORDET

Señor dame algo mucho más amargo que tragar que esto que estoy tragando ahora sea más leve pueda sobrellevarlo sin morir o desear morir en este instante.

No puedo más Señor no puedo más. Rebaja esta bebida rebaja este sabor de hiel y este horrible dolor que me traspasa.

Haz algo tú.

Yo en estos momentos no soy una persona ni un animal.
Ni siquiera animal amansado y doméstico de los que dan algún alivio a alguien en sus casas.

La más feroz y abyecta rabia de dolor que pueda soportar un organismo vivo
tengo dentro.

Tan desesperada es mi captación de toda la infinidad de causas dolorosas que ni el Ordet de Dreyer podría darme un minúsculo punto de misericordia.

Sin embargo no sé qué es exactamente qué me pasa que no obtengo alguna recompensa porque no entiendo nada.
Es como la muerte aunque no quedaría tranquila con la muerte si la muerte viniera de pronto o la buscara yo
como la busco
en las mil soluciones que a cada momento se me vienen encima y se me van.

Señor dame la mano y dime qué crimen cometí porqué trabajo y no obtengo alguna gratitud.

Porque no entiendo nada.


No conozco alguna solución para escaparme.

## CEGUERA

De cerca no vemos lo importante lo vital de la vida lo esencial lo acústico innombrable

pero ahí está haciendo y deshaciéndose siempre haciendo semillas de lo que va por dentro de nuestros cerebros  van a traer ventura o desventura gracias boreales o desgracias de amor.

Nunca vemos cómo se forman las de amor (tan falsas y difíciles)

tenemos puestos los ojos ahí mismito ahí elegantes o impúdicos.

Vemos la borrasca pero no el arponazo cómo cae la ciega nuca engañada apuntillada  —que lo diga quien lo vivió y sufrió—

Mejor lo sabe quien lo pasó hace tiempo que quien lo tiene cercano no ve nada.
Y quien lo está gozando porque está gozándolo tiene la gran ceguera de los locos con venda  bien

tensa y apretada en los ojos y nada quiere ver y no hay más ciego…
Así negra será la puñalada que reciba en el instante en que caiga la hoja de acero sobre quién la borrasca…

Del mismo modo ocurre con la enfermedad la traición la luz la ley un simple movimiento.

## PENA TIRANA

*A las más de cien obreras quemadas en la fábrica de Sirtwoot Cotton (1908)*

En el taller de costura las 100 mujeres de cabeza cosen depositando su silencio en cada pespunte y en cada silbido de las máquinas. Todo el taller está inundado de una luz blanca e inmóvil. Toda la esperanza de estas 100 mujeres está en envejecer cosiendo como pájaros azotados unos vestidos que nunca se pondrán.

Hoy todas las telas son azules.

Un campo azul de fulgores textiles que crujen como lepidópteros. Y las 100 mujeres como una sola dentadura de caballo aprietan las fauces deslumbradas por el color y la envidia de sus manos divinas.

Alguien ha puesto de Händel esa Pena Tirana por los altavoces del taller. Y las 100 mujeres como las 100 vacas que apuntillara el matarife cosen con más coraje y agua y les sangran las axilas y las manos poniendo en el tumulto de la música un quebrado alarido de pezuñas sometidas. Un río de alfileres y puntadas corre por las solapas y los dobladillos. Un muro de hilos y de aire va poseyendo la masa de la tela y en los 100 corazones guardados entre el polvo de la ira va cayendo la tarde sobre la seda azul hasta izarla al techo de la nave esas 200 manos urgentes de zumbidos sobre el desprecio y la paciencia hasta los sollozos y la majestad. Han cosido la tela al corazón en el camino mortal de las sombras que se pondrán esta noche las burguesas. El trabajo dignifica bebido en un dedal y con cianuro.

Beban esta noche las 100 mujeres el musgo de las yemas de sus dedos beban en su dormitorio azul el alarido negro de la Pena Tirana.

## PARALELISMO

En los dos asientos grises / del avión mantienen la cordialidad / por el bien de sus hijos. Pero es la tristeza / el sentimiento común que los invade / destrozando todos los proyectos de futuro / sueños lesionados recuerdos / quedándose cautivos en / los remotos lóbulos frontales imprimiendo su marca topográfica en la imagen mental / que va a la piel a la mejilla / palideciéndola a la infinita terminal nerviosa de todas las mucosas y papilas con su señal de lágrima / o de masa.

Es la inmensa tristeza / que se viene encima como se vino abajo la primera torre gemela / creando la mayor confusión de miedo y polvo / La segunda torre que cayó dejó a Occidente siendo otro / otra cosa más triste / otro futuro con muy poco futuro para todos

igual que esta pareja serena /que sólo por sus hijos / se mostraban cordiales ahora ya han quedado para siempre profundamente marcados / entre las cenizas huesos / espíritus / de los miles de muertos en el fracaso común de la violencia.

## LA COMIDA DEL PRESIDENTE

"No tengo nada"

Le respondí ayer al Presidente General
en la comida a la que me invitó

seguramente para aletear sobre mis hombros y
lúgubremente posarse en mi nariz
olerme las costillas descarnarme los huesos
de la historia que traigo desde
mis umbilicales conquistadores extremeños
a esta coherente visita que le hice a su casa
también yo posándome en su hombro
y su nariz sangrienta
tableteando en su mesa de comer y beber
sin comer ni beber
porque no debe una nadie
comer o beber adonde no es invitado
bajo el signo del entendimiento
del conocimiento
ni entre desconocidos que
están dudando si mirarte
por encima o debajo de
servilleta o buche por si
la sangre o por si las estrellas

por si el vestido o el conocimiento.

Una acude allá a ver si los últimos días
de su cena están contados

con el cráneo más lúcido que nunca
privándose de ser joven y vanidosa

callando y simulando ser íntima
y madura

no mostrar crueldad ni el violentón del pueblo.

Cuando te pregunta el Presidente
qué es lo que posees intercambiable
en bienes terrenales
respondes sonriendo vertiginosamente elegante
de orejas y de boca:

nada.

No tengo nada Presidente General
desde que usted y los suyos
se lo llevaron todo

a todos los míos nos quitaron
hasta el aire.

Mire
nos pintaron estas marcas en el pecho
a los que dijimos no y no.

Nos dejaron desnudos innombrados
ignorados pobres sin el derecho supremo
de nuestros beneficios del último
pulmón de Europa en Cáceres saqueada.

Así por la corriente oscura
de los desconocidos
nos lanzaron a errar
por nuestras casas
y otras regiones
fumando cigarritos
no iguales que esos
que usted está fumando ahora
Presidente.

Ni para tres veces
nos llamaron a los escritores
a dar lectura o conferencia
de nuestra poesía/ actos culturales
ni siquiera uno para vernos las caras
los modales
ni uno siquiera Presidente
aunque hubiese sido la única oportunidad
de habernos odiado con motivo
o con motivo cero
habernos abrazado amotinado
contra usted los suyos
arrancando cabezas
poniendo en su sitio a cada uno
poniendo la ley del bien universal

sobre la mesa

pero ni para eso tuvimos un encuentro Sr. Presidente
ni uno

ni ya lo buscamos nosotros.

No aceptamos limosnas
ni beneficios supremos extraordinarios

Presidente.

Sólo queremos lo que es nuestro. De tod@s. Poca cosa Señor.

Pero brindemos hoy y ahora Presidente por si quisiera usted interceder aunque le cueste un euro o una guerra:
escuche/ las mujeres deseamos/ exigimos/ los mismos privilegios exactamente las mismas posibilidades de trabajos de triunfos derechos libertades Presidente/ los mismos que los hombres. Desde ahora Señor y para siempre.

Y exigiremos responsabilidades no lo olvide hasta que alcancemos las estrellas mismas.
Hasta que tod@s cantemos el himno de la Gracia.
Chin chin
Brindemos por la poesía del mundo Presidente general. Brindemos.

## LA ZONA NORTE

Tienes la "suerte" de haber nacido en la zona de los "ganadores".

Suerte / sí / pero es tan poca cosa eso / que incluso es mala cosa / o aún peor porque destacas más entre los "elegidos" / tu cabeza se queda expuesta a la intemperie de la helada / sobresales / para unos y otros / y todos sin excepción quieren cortarte la cabeza.

Ni a unos ni a otros / les gusta verte ahí marcando /esa insultante diferencia /paciencia /consistencia grosor / altura / soledad / más soledad y olvido.

Van pasando años y años meses dentro de meses con sus días exactamente iguales en los que sólo practicas el arte de leer y escribir trabajar en lo de otros -quizá siempre lo mismo- / quizá porque nunca tienes una nueva experiencia / del paisaje /de Dios/ ni de tu amigo / enemigo.

Y cuando llega el día de tu aburrida muerte —esa puta Vicente / esa fulana te encuentra / así / como quisieron muchos / que estuvieras—

alejado —altivo sí pero alejado— marcando tu triste teatral diferencia sin molestar a nadie / ni quitar nada a nadie / lo mismo que Cernuda Recuerdas? igual que tú Vicente Igualito que tú / hermanos compañeros.

## ALADOS

De la cultura de la belleza occidental
a los pájaros
sólo hay un camino azul
un parpadeo
que vuela por la historia salvándonos el ojo
el agua
el peso
el cráneo.

Volamos vaciándonos de arena
al gran espejo de los precipicios.

Del cisne
el ave del paraíso
la garza la garceta y el faisán
sacamos su belleza interminable

Eliminando grasa
con el teñido más resplandeciente
volamos con sus plumas al vapor
al volumen de la gracia.

De la gracia del traje surgió el vuelo y
en una ráfaga de paso luminoso

nos abrimos el paso por la tierra.

No todo es esbeltez ni fruta picoteada.
A veces hay amor guerras ciclos inciertos
sensaciones de vuelo o de bajadas
religión leyes cruces

para pasar con piedad por esta vida
que entre la oscuridad del temblor y la belleza
median eras siglos huellas
pisadas

alumbraciones y deslumbramientos.

## VOLANDO

Nos gusta ver cómo caminan las mujeres en la pasarela volando. En la extrema fragilidad y verticalidad /volando/ cimbreadas por los cortes al bies y adivinadas en las trasparencias que desvelan con falsa ingenuidad la belleza más íntima /volando. Longilíneas e imprecisas fieles a su pasión por el lujo controlador y el afán de embellecerse pasan con los sombreros y una chaqueta en doble crepe pespunteado con nervuras en la pechera casi lúcida formando unas espigas de tul negro /volando/ o un abrigo redingote de línea recta y animal /volando/ sobre un pantalón de seda con perneras acampanadas y orillas sin coser. Volando.

Ellas caminan con el deseo metafísico de ser arterias blancas o nieve de fantasmas /volando/ en la velocidad del frío de la noche. Y a nosotros nos cuesta dejar pasar su rayo de esplendor volver a la calle y al trabajo infernal.

Dejar de volar cuesta./ Volando.

# FIJACIÓN BLANCA

Para la intimidad
atraviesa esa ventana de la casa
en ese espacio fosfórico estallado
que viene a mi retina y lo describe:
mujer para acostarse que lleva
encajes y bordados alternando
en su composición
la nobleza y vaporosidad
de las gasas en la espalda
en los pechos
con la comodidad y la elasticidad
del nylon y la microfibra.

Es blanco todo.
Desde la piel de las hiladas zapatillas
hasta el collar helado de las lágrimas.

Gana presencia honda
el sostén corto tipo balconette
con aro en perfecta sincronía
con el tanga
de este conjunto íntimo vacío.

No es raro imaginar

que la mujer
atravesando su río soberano
se va a acostar
librando su pena con un libro
a la almohada blanca y aire.

Alabada sea
su bata retirada sobre lo doloroso.

## EL PODER

No me avasalle Señor

a mí no me avasalle usted Señor
con su poder dinero y ambiciones
que soy malhumorada y cínica

y puedo/matemáticamente /ser muy repugnante

se lo digo /calculadamente/ contenida
considerada/revuelta pero firme
confirmada ya en la decisión
de que me deje en paz/por fin
se restablezca mi sosiego/ sin volver
a enfermar por esa asfixia tóxica
que usted me da/ cuando se cruza
en mi camino/ y me habla o me mira
medio reservado medio pudoroso
tan mediocre usted como sus teorías.

Violente en mí de una vez/ lo que tiene pensado
en violentarme
no se arme con trampitas del habla
o de los ojos

Lo que vaya a hacer vilmente/ o a traición
de tono virginal- a los ojos del mundo
que le sigue- / hágalo de inmediato
y sin incógnitas.

No sirvo yo para esforzarme
en la paciencia/no degluto humildad
ni gratificaciones.

Lo he dejado muy claro: mi condecoración
la única/viene de mi arrogancia
de no ser nadie/ de mi desfigurada
concepción del mundo.

Ni su influyente célebre prestigio
harán de mí/que acceda a su reserva
de favorecidos.

Posiblemente estoy equivocada
posiblemente me estoy perdiendo
una fortuna/ Me da/ posiblemente/ igual.

Ni la mayor fortuna/ ni el equívoco
más intencionado/harán que cambie
mi tenacidad/ por su poder y el poder
que me ofrece su potencia.

Vaya usted a mover otro interior
que el mío está ocupado ya

por la luz y la sombra.

## GÓTICO

Los dos de cuero negro ella y él con abrigos de cine —memorizo "Matrix"— llevan abrigos desde casi los pies a la rotunda glotis.

Van por la calle llamando la atención sus piercings y el cabello: ella de color azul noche y él de rojo escarlata.

Pareja sin lujuria sin atender a nadie caminan en un mental estado portentoso.

Lo llaman moda gótica. Huelen al aire nudo de los pasos del tiempo.

Tras cristales al ácido se pierden en los siglos.

## MANOLETINAS

Con las Manoletinas / al caminar parecen bailarinas de clásicas / con 60 años se mueven /como las principescas hojas de los sauces al viento /. Flotan de luz en luz es su camino a otro destellando soltura /. Su flexibilidad es un ir y venir de lado a lado de la casa al jardín / escalones cocina patios corrales.

Cuestas / cocina / verdes planicies o blancos cementerios.

Este calzado es único para mostrar su ritmo aleteando como sopladas por el aire. / sólo son cintas sueltas desde el techo al parquet o al cemento tratado.

Estas Manoletinas tienen el aire de la zapatería de un artista artesano / judío / cuando estuvo en Trevinkla que lloraba encima de su aprendizaje.

Se dice que quien las calza ,/ estas mujeres / vienen de familia judía / judías de nobles extremeños.

# STABAT MATER

*A Pan, mi tesoro de bondad*

La mujer es pieza misteriosa del cerebro. El hombre no ha despertado hoy. Aún está relajado como si opio o cuajo de lactancia lo hubiesen dormido y coronado.

El hombre es descifrable en su plazo de vida 77 veces carnal y recogido 77 veces 7 capaz de trabajo y de paciencia 77 años llama fascinación al pensamiento.

Esa mujer parió con sus zapatos blancos agachada treinta y dos mil veces metafísica y flexible desprendida de sí lucha en cárcel de blanca vigilancia vulnerada.

Este hombre aparece y desaparece cantando su dignidad héroe o mendigo uno detrás de otro de Goya a Pablo y los demás quema su origen sin esperanza de volver a repetir no graba en su memoria lo que aprendió del otro antepasado

sigue y sigue dormido desamparado líquidamente expuesto a todo inocente arterialmente hermoso o árido desprendido de la cabeza y los pies no abre los ojos ni la boca no tarda nada en amar no puntualiza no prelimina no encaja por su sur.
La mujer lo transforma lo viste lo descubre lo cubre de belleza lo va uniendo a sus puntos sus diálogos saca composición de aire de él lo deja suelto periódicamente ella lo deja suelto

sangra por él durante 38 años

se aman por principios de captura sobre las camas los suelos en los árboles

ella siempre se deja calzados los zapatos transparentes levantadas las piernas en cruz se vuelven hélices van hacia el cerebro impulsan paz escriben biología.
No
no hay diferencia de género o residuos. A esa distancia todo son
bellezas altos secretos escrituras.

11 S

Prendo la tele.

Estoy en Venezuela con sello editorial.

Tú estarás leyendo estas palabras para ti y veo, incapaz de creer lo que estoy viendo: las 2 inmensas Torres gemelas de New York han sido atravesadas por dos aviones llenos de pasajeros y pilotos árabes suicidas
Incendiándolo todo
matando derribándolo.
Todo, personas hierros papeles todo en fuego, polvo, todo cayendo por el aire al aire al suelo. Tierra enfangada toda echando miles de millones de litros cúbicos de agua.
Los bomberos de New York Cuerpo de policías su cara descompuesta descuadradas miran.

No miran al alcalde nadie ha visto una película tan fuerte Yace aquí mismo Hollywood con mascarillas frases sin sentido estrellas gloriosas de los tiempos idos ya.

Otro mundo ignorante ha entrado aquí a filmar el país del dólar.
Ahora que estábamos felices nuestro gran espectáculo del vidrio y del poder la Gloria de las glorias derribadas.
El símbolo del Gran Imperio.
Humillada ciudad del 10 a esta inmensa y helada zona 0 al 0.
No sé mi amor que consecuencias traerá esta catástrofe ...

Pero escuchadas desde aquí las noticias de la CNN no estoy nada segura del gobierno español dicen que somos uno de los países aliados de los americanos de Bush para la guerra que se avecina contra los árabes.

No me gusta este olor.
Dan ganas de sangrar.
Siento vergüenza. ...

Por favor envíame billete de vuelta a España .

Quiero estar con vosotros cuando caiga Occidente :
Su belleza y dolor .
Su espíritu y mentira.
Su tiempo fabuloso ya pasado.

## GÉNERO HUMANO

Como si de una conjura mundial se tratase debemos alcanzar el estado de luz que corresponde sufrir una emoción deslumbradora aprender un poco más sonriendo compartiendo igual pan del encendido de la mecha sobre el cielo de Oriente hasta Occidente
dar el paso ¿Quién acepta la trampa de este mundo?  Con una astucia similar a los emboscados de la altas montañas habremos de volver a
comer carne de cintos y correas hierbas del bosque
para la vigilancia del espíritu iluminar las vías de la intranquilidad o aquellas experiencias de
la verdadera presencia de la poesía y la música debemos poner una infinita solución matemática a Occidente — Oriente
calcular sus círculos yo no sé cuántas lágrimas hambres técnicas verdugos cuántos conocimientos caballos árboles tierras peces libros barcos
ganancias aire o agonía casas de vidrio o de madera lagos metales... no lo sé

no sé cuánto debemos y nos deben

como si de una conjura se tratara debemos
responder por tanto odio indignación
de sociedades culturas dolor crisis
tribus y cuevas senderos rincones destrozados
flechas puentes indicadores o testigos cualquier
señal o signo
de los que alguien dejó en algún punto remoto
del planeta el más lejano en el tiempo de los
simios allí incluso desde allí estando ellos
pintando en la puerta del mundo con la primera
mirada de la inteligencia en rebelión allí y desde
allí teníamos que haber seguido el hilo todas las
pistas no haber perdido ni una

ni la más rara o débil porque ahora volvemos a
estar descerebrados no sabemos qué hacer cómo
tirar el hueso de animal con ese fémur al cielo de
los cielos que el cámara del tiempo nos filmara
(Ah viejo Kubrick) comprimidos allí y aquí en nave
o arboledas

su cámara lenta nos proyecte la lentísima
evolución
de simios a primeros géneros humanos.

Aunque con otra conciencia sin mácula del
mundo vida/ paraíso sin pecado/

sin armas ni maldad. Educación.

## LA CENTELLADA

*Para Ana Fustes*

Viniendo desde el norte de Europa hasta Madrid / en un coche alquilado / chofer ruso/ todo el camino por aquellos parajes / estaba cubierto por la cencellada.

Árboles de hielo / casas/ arbustos, los hombres / las escasas mujeres/ y sus ropas.

Era tan espléndido el paisaje que veían mis ojos / a pesar del sueño y una enfermedad que me invadía /que no podía cerrarlos ni entrecerrarlos.

Recuerdo que pensaba en la película del Dr. Zhivago en las secuencias en que la dulce Lara el Dr. y la niña todo estaba nevado/ congelado / como si toda la casa y ellos fuesen de cristal...murmuraba poemas de Boris Pasternak entre la nieve.

Y así estaba yo misma sobre la centellada.

En realidad toda belleza tiene ese halo de fragilidad.

Hay primaveras que son primaveras de muerte o de resurrección.


Aquella fue una de las peores pero la más bella dentro del corazón y múltiples abrigos, guantes, gorros, bufandas y vasitos de té
nacían congelados
me dieron vida y muerte
como una piedra sobre el cristal central del coche blanco y negro.

# VERANO

Cuántos tristes veranos he pasado desde hace 10 veranos.
Cada verano lloro como perder a un hijo es tanta la amargura de ese tiempo tan claro que por claro es luto de mordaza caída.

La muerte viene andando muy rápida y opuesta

soy joven pienso aún déjame siquiera otro verano.

## CALMANTES

*Nadie puede escapar de su subjetividad. Siempre hay un "yo" o un "nosotros" escondido en algún lugar de un texto, aunque nunca aparezca el pronombre como tal.*

Siri Hustvedt

El dolor calma el dolor. Lo trae y se lo lleva otro dolor más fuerte y a este otro más lento y otro más asesino y otro más silencioso.

Así dolor y más dolor se van calmando unos a otros hasta llegar al punto maduro de la muerte.

Cuento mi vida porque no sé contar la vida de los otros y porque sé que en mi vida está la de los otros Y sé que mi dolor primero comenzó en la infancia perro mío que tuve un galgo velocísimo él era el aire tras la caza el galgo más querido de mi padre y mi pecho que fue deslumbradoramente muerto por un camión de la autopista Y luego el gran dolor que me calmo el dolor de esa primera muerte y tuvo el nombre de una travesía de mi casa a una casa de campo sin mi segunda madre Entré en aquella casa sin luz ni camas ni mi yaya durmiéndome en su capa de viuda ni amigos ni vecinos ni dulces ojos amados al dormirme Se pasó ese dolor a otra tristeza que me vino calmando hasta estallar en otra despedida más cruel y más grave nunca breve Errantes y aparentemente felices nos cambiamos de pueblo y una ceguera lenta se apoderó de mi niñez y de mi hermano Crecimos en pueblos y ciudades y más pueblos emigrantes dejando amigos vecinos y paisajes de fondo oscuro Y sin recuperarme de aquellos perpetuos dolores una vez y otra vez calmados por el último me llegó el sorprendido dolor de la turbia adolescencia Por aquí y por allá se me venía el amor y se me iba un contagio de amores y cadenas de tesoros azules que siempre se escapaban de mis manos Desde el norte hasta el sur tocaba fondo y me calmaba un nuevo amor sobre el dolor del otro De la primera violación al globo de la noche De la primera voluntad al terror de los partos De mi primer esposo al amargo abandono de su huida 9 meses estuve esperando a mi bebé doliéndome hasta el aire de la respiración Girando en la rueda de la noche vine a parar a un pozo de amargura cuando 12 años más tarde él se murió sin conocer a la hija descendida Después murió mi padre Su muerte y su dolor me calmaron el otro y ya éste último no no me lo calma nada o acaso la escritura El dolor de escribir que dura eternamente y calma eternamente.

## ANTES DE LA BATALLA

Al acostarme /antes de la batalla de mi cuerpo y
alma
cada noche me encomiendo a los mensajeros de
dios/ o a dios / para que protejan
mi alarmante tristeza y la impaciente
soledad que padezco.


Tapada hasta los hombros/ con camisón de luto
me paso media hora rezando
por los amigos que perdí/ por los enemigos
que aún no me conocen/ ni conozco.


Rezo por mi familia eternamente/ y por
aquellos amores que no supe apreciar o
desprecié/ por orgullo o estúpida soberbia.


Antes de la batalla del día/ a veces corriendo
hasta reventar/ errando también rezo
en voz alta/ como si recitase poemas
para el viento/ así me voy ahogando
lo tanto que perdí/ ahogándolo/ en el peso

de mi pena/ hasta llorar con rabia contra dios
y el destino
por haberme soltado de sus manos/ estrellándome
contra tantos subsuelos y personas.

Antes de la batalla/ he sido clavada
en una cruz/ que yo no he decidido
y contra todo eso/ me rebelo
desesperadamente / y rezo/ rezo porque
ya sé que se acabó la infancia
la ilusión patológica/ que soñé para mi vida
y la de los míos.


Antes de venir a esta batalla
contra ti/ soldado de los nortes
y contra mí/ soldado sin tierra ni frontera,
rezo.

Rezo.

## BOTAS DE CUERO ESPAÑOL

*Para María Francisca Cuenca*

Llevo treinta años caminando con mis botas de cuero.
Señor por este mundo sucio cruel errante/somos muchos Señor/ no sé cuántos hemos desaparecido
subiendo a trenes casas autobuses/ perdidos abandonando bienes y familia/ haciendo otros nidos inestables/ en Europa y América del norte y la del sur/ la India/ China/ en lejanos desiertos y en las carreteras/ en el Tíbet poniendo piel y clavos en las botas/ bajando por la Antártida/ por los pueblos blancos del mediterráneo/ nos dispersamos hasta llegar a Ibiza y descalzarnos a la luz de su luz/ que ya no es ni la sombra de la sombra de tus ojos/ los artesanos/ modistos/ mercaderes/ se quedaron allí
igual que los antiguos fenicios y poetas.

Y yo voy con mis botos de cuero de Valverde/
seguí con mi vida a cuestas/ subiendo y bajando
todas las cuestas conjuras de la vida.

Siempre salvándome la música la hierba/ dos
hijos que tuve con dos tipos que se fueron
callados alejándose.

Pero yo sigo con mis botas puestas
caminando corriendo cimbreada
con carbón encendido bajo de ellas.

## CONFUSIÓN

De lejos para mi / iban ellos cogidos
de la mano y los hombros . Era yo la invisible para mi/ y también
para los animales de la carretera.

Ella era yo
sin la misma alma / el alma que se confundía con mis helados vapores
historias y verdades. Todo estaba cubierto por un humo que no dejaba
ver la realidad exacta — nada es exacto nunca al límite viviendo —

Difuminada iba / mirando / lo que ya no tenía un nombre pues lo mío y
lo suyo había terminado , como termina el fuego que no acaba en
cenizas.

Ellos ajenos seguían su camino.

Sólo el miedo a no verme  se reflejaba en él.
Mi mirada  era
la de un miope sin gafas ni idioma
ningún lugar o actos para mi

certeza.
No había certezas ya. / Todo se confundía en la neblina triste de los años pasados.

De lejos sólo vemos
lo que ya ha sido visto / y queda como foto coral en la retina / de
la grata memoria que nos cuida y a veces nos levanta.

## MERCADO

Moviendo los hilos necesarios de una determinada belleza moda carne ignorancia o cultura se accede a mundos secretos sigilosos en los que ciertas personas más o menos beneficiarias o perjudicadas grabadas vulneradas hambrientas o violadas en su honor de personas se llega a ser nombrad@ superior de cualquier ciudad patria continente universo.

A veces sin ningún dilema moral se llega a lo más alto a veces con una terrible horrible sensación de no valer absolutamente para nada se le hace creer a un ser humano esto y se le incrusta en el cerebro para siempre y siempre es nada nada.

A otr@s se les indica que hay que mostrar la carne superlimpia biológicamente sana espléndida hay cerd@s inversores que exigen mucha higiene el aliento y la blanca dentadura habrá de ser virtud que muestre el interior de la belleza comercial política robusta.

Recordando sutilmente a los saciados espíritus occidentales que hay millones de hambrientos en este rebosante acorazado de la civilizada Europa que se hunde.

Señores hay que mirar más bíblicamente más vigilantes a los muertos de frío y de cultura.

Hoy 15 personas que optan al título de presidente comercial intentan comerciar sobre sus finos zapatitos arrogantes ser muy corteses inundados de una nueva belleza moda carne están dotados de una secreta mercancía que desconocemos.

Una secreta tabla de salvación de potencia y de luz acorazada.

## CORRUPCIÓN DEL ARTISTA

Cuando percibáis, que un Artista comienza a destacar, a tener relevancia, a obtener un posible triunfo entre los Medios y la Sociedad...

Dejadlo Libre, no pongáis objeciones a su obra, no lo derribéis, no sintáis envidia ni malignidad.
Dejadle abiertos todos los caminos.
Dejadlo que llegue hasta donde soñó. Pronto, los poderes más rancios y corruptos, llegarán a él. Lo succionarán, lo ensuciarán, lo someterán.
Y, en unos pocos años, su obra, igual que él, descenderán, al charco de la amnesia.

Su Persona, que comenzó siendo inocente, generosa y magna, se mutará en solemne egoísmo narcisista, mezquindad, ceguera, y un rigor cruel para con otros.

Ni amigos ni enemigos.

El Artista encumbrado, no ve nada. Se ha quedado sólo en su torreta. La vanidad eterna de los Hombres, le ha invadido. Y, poco a poco, caerá sobre él y lo creado, el manto insoportable del dolor y el olvido.

Vendrán la enfermedad, la pobreza y la aflicción, adueñándose de él y su familia.

Este es el negro paisaje en el que estamos.

Pido, ruego, que no contribuyamos —por la salud mental, social, de todos los Artistas Verdaderos— que no colaboremos con los mercaderes de modas o de ideas, con los circuitos cerrados de las bandas, con los políticos necios, depravados, con los pesebres astutos de unos días.

Dejemos que el Creador se caiga o se levante por sí mismo. El Talento sobrevive en los desiertos, en el trabajo tenaz y minucioso, en la honestidad con uno mismo, en la incertidumbre, sin apenas esperanza.

En la impopular y potente Desesperación.

CERA

Ahora estamos en casa viendo pasar el cadáver de nuestro quinto enemigo  Somos una figura de cera con la cara y los brazos ya quemados. Huele a cadáver la cadaverina y el sudor de los familiares que acompañan al muerto/ es el olor que reside en el alma desde siempre.

Cobramos una moneda a todo el que pasa a nuestro lado y quiera oírnos "esto no es gratis Señores esto ya no es gratis:

la respiración entrecortada no es gratis ni son gratis las vértebras hundidas ni lo es/ ni ya lo será nunca/ la insurrección y la arrogancia.

Ha llegado la hora de enriquecernos de valor ha llegado la hora de trabajar cobrando un salario de membranas acústicas

un bramido de gloria para que llegue a los oídos de los triunfadores se aparten de nosotros y se aparten de los que han trabajado como reos sin cobrar un jornal o línea de existencia.

Hemos sido las figuras de cera de nuestros hijos y de nuestros padres que nos han visto trabajar torturadamente de día y de noche hemos escrito de perfil entre espinas y párpados azules.

Hemos sido los avasallados de todo ese revuelo que han hecho los residuales.

Cerca del sol han ido en aviones de dominación protegidos por la fácil cultura de las perras y de los periódicos.

Han ido.
No sé a qué.

Nosotros Ícaros torturados nos hemos expuesto bajo el fuego F 451 quemándonos las extremidades.

Otros han abandonado su puesto derritiéndose con el síndrome del atleta tóxico sin que nadie haya recogido la cera de sus alas.

Pero los que quedamos/ los que hemos comulgado el pan de la austeridad y la pobreza/ ahora estamos viendo pasar (sin deleite sin gestos sin patria)
vemos a los caídos al Egeo aniquilados muertos repetidos como en un largometraje de catástrofes en el siglo pasado/ ya pasado.

## EL BOLSO

En el bolso de piel con forma de vela color hueso
no da con el calambre de la foto. Tiene espinas de
aire la invasora mano
y amapolas de sangre el peso del pañuelo. El
estuche de sombras, la polvera, el tabaco,
las gafas, el perfume, las píldoras,
la línea del dinero.

Allí está la cartera sin la foto/ No busques más le
dice ella en la cama

jamás compartirás los dulces ojos del hijo que
perdiste.

La foto está en la tinta de tu traje.

## LABORATORIO DE LA MELANCHOLIA

No sé si este suceso trágico de mi vida será el último que aún me quede por tragar pasar como pasión de azul melancolía síndrome crónico con el que vive el mundo y dentro tú y yo.

No lo sé.

Yo no lo sé porque aún estoy en la edad más peligrosa de la soledad la que se siente aquí aquí agarrada a todas las partes más vertiginosas débiles inconscientes románticas mecánicas del cuerpo y alma.

Una no puede ordenar nada de lo que ordenan esos bichos pendientes del reloj esos psicólogos psiquiatras ganapanes que cobran por anticipado las tragedias su dudoso efecto incompetente que todo ha sido inútil y es inútil.

No podemos ser contenibles en ningún diligente trabajo de laboratorio o en su cajón en blanco de los hallazgos sin clasificar.

No
Ni en esos

Digo que igual que yo hay miles y miles de personas que se comen su sobria y tenebrosa soledad
melancolía y pasan vida y muerte trasladados.

# RESPLANDOR

*Para Estefanía Castaño*

Dicen que tiene curvas y belleza
dicen de ella.
Que sólo sabe caminar como los tigres
hacia el gamo herido.

Sólo marcar figura y arrogancia dicen.
Dicen sólo impostura y gloria física en el aire.

Yo digo que hay talento en esa mano
en tales orejas de fosfórica pregunta transparente
en esa mariposa craneal que parpadea
y hace el cálculo exacto de su tiempo.

Así digo que el éxtasis que causa
no puede ser fulgor cosmético vacío
no puede ser de tigre hambriento o loco
no es impostura sus temibles rasgos
no lo es
no lo es
la encadenada raíz de su cabeza.

Hay talento y secreto en esta bella
limpia fascinación
enigma del prodigio.
Sólo hay que olerle el rostro la memoria
medirle los latidos y los hilos
de conexión
de un dedo a otro

ponerla vertical
profundizada
oír su boca germinando el mundo.


Yo digo que es mujer
y eso es el Resplandor.

## PEQUEÑOS ULTRAJES

Son esos pequeños terribles actos por los que no puedes quejarte tan callados minúsculos tan lentos esos ultrajes mínimos hieren más aún que los grandes.

Por los grandes puedes reclamar ofenderte defenderte llorar pedir tus cuentas información justicia. De los pequeños ultrajes qué vas a decir ni siquiera tú sabes qué es exactamente qué es lo que te han hecho lo que ocurrió qué vas a argumentar te tomarán por loc@.

Realmente tú mism@ te crees loc@ demasiado sensible, susceptible, es que miras con lupa demasiada agudeza visual o táctil para vivir en el mundo que vivimos.

Tienes que tolerar te dices y te dicen sigue poniendo cara de ángel da las gracias la ofensa estaba en ti.

Eres tú quien ofende finalmente.

Y sigues aguantando esos humildes dolores microscópicos agudos.

Te morirás sin saber por qué aguantaste tanto dolor toda la vida sin justificación sin objetivo. Realidad.

# IRREAL

*A Paolo*

Flammarion
y Pierre Paolo Passolini lo saben.

Hay asombrosos movimientos irreales
en las casas en donde
hay un trágico
adolescente que sufre
y sin embargo sonríe
es bondadoso portentosamente
radiante y apacible
único alegre
de entre los alegres como
si el hambre el sueño
la enfermedad la corrupción
o el horror no fuesen
a morderlo nunca
a él.

Y lo están mordiendo.
Ahora.

Yo veo cómo
se mueve la casa
por su dolor
y mi escritura
la bestia vibrante que monta su caballo de perfil
aprieta para da el zarpazo
sube huele...

Y con esa clase de imperio
y obediencia
él lo conduce con la austeridad
el equilibrio el eje el índice
del que es capaz
un adolescente como este
portentosamente único
en su valiente alegría
—aunque muerto de pena
temblando de dolor—
que sigue siendo generosamente insostenible
su actitud
con toda esa dulzura
de un pequeño Tobías
en los labios.

Y la casa y yo moviéndonos terriblemente.

Pidiendo perdón no sé por qué ni a quién
por qué pecado.

## HIROSHIMA NAGASAKI

*Debería haberme quemado los dedos con los que escribí aquella carta a Roosevelt*

Albert Einstein

Bombas de uranio hidrógeno bacterias me llenan de un negro dolor indescriptible el honor y el horror de las víctimas permanezca en nosotros para decir que el MAL es absoluto y el BIEN es el instante de toda creación

¡Ah! sus cabellos ralos

¡Ah! sus ojos ardiendo

No puedo decir ni una palabra más.

## NIÑA CONGELADA

Las dulces cualidades de esta niña -que para ser exactos fueron los hombros y el juego de las piernas- ahora están tomados por el reino del frío

Con su blanca camisa cal vendaje chaqueta negra nieve dos filas de botones —seis bolitas de hielo— falda inmortal plisada de cristales kiowas con estribo acartonado.

Vestuario de pobre simulando recursos.

Aun así está en el bloque esférico que hace ahí en la caja encogida alumbrada de translucencia nucal por una fija luz de hielo y hospitales.

Al fin hallada en campo de basuras dura horizontal bañada por la madre cuidada y variada de posición peinada de perfume.

Viajerita vestida con su ropa de término corazón escapado de todo movimiento de la felicidad y la tristeza.

Quieta y más quieta profunda en su presidio alucinada con ojos de accidente lívida levísima subida al ataúd pueril de fibra echada al mundo de los minerales.

Para siempre llorada blanca suelto el cabello qué silenciosa y qué centelleante en este mundo que ya no es para ella ni la nieve.

Descongelándose. Diluida en un charco animal.

Desaparece.

## REVELACIÓN

Esa mismísima que pasa
al lado del espejo
sin mirarse
soy yo.

Esa misma
tan rápida
encadenada a sí
entre sí
con sus desconocidos pezones
y sus veloces enigmas
del pensamiento al sexo
soy yo sin gafas
que pasa con los pies desnudos
por la tarima del suelo
al gres del baño
y no levanta los ojos
al burdel del
espejo

casta es
ahora la
mirada que fue
arrogante un día.

Cántico gregoriano
ha construido el tiempo
lo que
exceso y lujuria
fue tango
y pelo negro
todo suelto olor
a baile y mundo.

Perdí mi desnudez
y el acto de mirarme.

Ahora sólo percibo
la imagen blanca y negra
de un blues
que no es humano
sin mirar los espejos
porque ya no darían paz
a mis ojos sin sangre
la mismísima
huella del resplandor:

Tú mirándome a mí
con 30 años
y yo a ti
mío
resplandor para el mundo.

Yo soy
la que no mira  atrás.

La corona de luz
espinas
de los últimos años
se han vuelto rebelión.

# ÍNDICE

Género Humano .................. 3
Diario de una enfermera ....... 5
    28 de septiembre de 1993 .................................11
    6 de octubre de 1993..........................................12
    11 de octubre de 1993........................................14
    14 de octubre de 1993........................................16
    18 de noviembre de 1993 ..................................19
    11 de diciembre de 1993 ....................................20
    13 de diciembre de 1993 ....................................22
    17 de diciembre de 1993 ....................................24
    31 de diciembre de 1993 ....................................25
    4 de enero de 1994..............................................27
    5 de enero de 1994..............................................28
    8 de enero de 1994..............................................29
    16 de enero de 1994............................................31
    19 de enero de 1994............................................33
    2 de febrero de 1994 ...........................................34
    17 de febrero de 1994 .........................................36
    8 de marzo de 1994 .............................................37
    21 de marzo 1994.................................................38
    15 de abril de 1994..............................................40
    16 de abril de 1994..............................................42
    17 de abril de 1994..............................................43
    17 de Junio de 1994.............................................44
    2 de julio de 1994 ................................................45
    8 de Julio de 1994................................................47
    25 de julio de 1994 ..............................................48
    30 de agosto de 1994 ..........................................50
    1 de septiembre de 1994 ....................................51
    27 de septiembre de 1994 ..................................52
    29 de septiembre de 1994 ..................................54

5 de octubre de 1994 ................................................. 55
6 de octubre de 1994 ................................................. 58
10 de octubre de 1994............................................... 59
1 de noviembre de 1994........................................... 60
15 de noviembre de 1994......................................... 61
17 de noviembre de 1994......................................... 62
23 de noviembre de 1994......................................... 64
26 de noviembre de 1994......................................... 66
3 de diciembre de 1994............................................ 67
22 de diciembre de 1994.......................................... 68
12 de febrero de 1995.............................................. 69
17 de marzo de 1995................................................ 71
5 de abril de 1995..................................................... 73
17 de abril de 1995................................................... 74
17 de mayo de 1995................................................. 76
18 de mayo de 1995................................................. 77
19 de mayo de 1995................................................. 78
23 de mayo de 1995................................................. 79
29 de mayo de 1995................................................. 80
1 de junio de 1995.................................................... 81
5 de junio de 1995.................................................... 82
6 de Junio de 1995 .................................................. 83
12 de junio de 1995.................................................. 84
13 de junio de 1995.................................................. 85
13 de junio de 1995.................................................. 86
16 de junio de 1995.................................................. 88
20 de junio 1995....................................................... 89
1 de julio de 1995..................................................... 90
12 de julio de 1995 .................................................. 91
16 de julio de 1995 .................................................. 92
21 de agosto de 1995 .............................................. 93
25 de agosto de 1995 .............................................. 94

6 de octubre de 1995 ................................................................ 95
8 de noviembre de 1995 ........................................................... 96
10 de noviembre de 1995 ......................................................... 98
14 de noviembre de 1995 ....................................................... 100
8 de enero de 1996 ................................................................ 101
10 de enero de 1996 .............................................................. 103
11 de enero de 1996 .............................................................. 105
13 de enero de 1996 .............................................................. 107
15 de enero de 1996 .............................................................. 109
17 de enero de 1996 .............................................................. 111
26 de enero de 1996 .............................................................. 113
13 de febrero de 1996 ............................................................ 115
16 de marzo de 1996 .............................................................. 117
20 de abril de 1996 ................................................................ 119
24 de junio de 1996 ............................................................... 121
13 de noviembre de 1996 ....................................................... 122
3 de febrero de 1997 .............................................................. 123
12 de junio de 1997 ............................................................... 125
2 de Septiembre de 1997 ....................................................... 126
11 de diciembre de 1997 ........................................................ 127
18 de enero de 1998 .............................................................. 129
19 de enero de 1998 .............................................................. 131
17 de septiembre de 1998 ...................................................... 132
4 de octubre 1998 .................................................................. 133
8 de enero de 1999 ................................................................ 134
12 de noviembre 1999 ........................................................... 136
15 de enero de 2000 .............................................................. 137
24 de junio de 2000 ............................................................... 138
13 de marzo de 2010 ............................................................. 143
23 de junio de 2003 ............................................................... 140
---- ........................................................................................ 145

**Occidente** .......................... 149
- El pie .................................................. 151
- Escuela de Danza ............................ 154
- Esqueleto .......................................... 156
- Emigrantes ....................................... 158
- Occidente .......................................... 160
- La negra ............................................ 162
- Sinópsis de "los olvidados" ............ 164
- La profesión ..................................... 166
- Alambrada ........................................ 168
- Anatomía de una foto del poeta .... 169
- Renacimiento ................................... 173
- El desfile ........................................... 174
- Diarios de honor y guerra de una fatua inhumana funcionaria nazi ....................... 176
- Francesco .......................................... 180
- Balcón ............................................... 181
- La reina Juana .................................. 183
- Afligida y perro ................................ 184
- Separación minimalista .................. 186
- La bula de oro .................................. 188

**Trastornos del Vestir** ...................... 189
- Modisto y poesía ............................. 191
- Condena ilegal ................................. 193
  - I ................................................. 193
  - II ................................................ 194
  - III ............................................... 195
- Maquillaje ........................................ 196

| | |
|---|---|
| Anoréxica | 199 |
| Triunfador | 201 |
| XXI | 203 |
| I | 203 |
| II | 205 |
| III | 207 |
| Bulimia- Anorexia | 209 |
| Pruebas | 211 |
| 94.000 euros | 212 |
| Pijoaparte | 213 |
| Comprar, Tirar, Comprar | 215 |
| Proximidades | 218 |
| Prestigio social | 220 |
| Aventureras | 223 |
| Look ambiguo | 224 |
| Dinero | 226 |
| Enigma | 227 |
| Acoso | 228 |
| Metamorfosis | 230 |
| Alí | 232 |
| Lo Chic | 235 |
| Pasos | 238 |
| Agricultura + economía | 239 |
| Ocaso en Poley | 241 |
| Lepidópteros | 245 |
| Cruz a cuestas | 247 |
| Pareja | 250 |
| Alma límite | 251 |

| | |
|---|---|
| Danzas de la muerte | 254 |
| Ordet | 256 |
| Ceguera | 258 |
| Pena Tirana | 260 |
| Paralelismo | 262 |
| La comida del presidente | 263 |
| La zona norte | 267 |
| Alados | 269 |
| Volando | 271 |
| Fijación blanca | 272 |
| El poder | 274 |
| Gótico | 276 |
| Manoletinas | 277 |
| Stabat mater | 278 |
| 11 S | 280 |
| Género Humano | 282 |
| La centellada | 284 |
| Verano | 286 |
| Calmantes | 287 |
| Antes de la batalla | 289 |
| Botas de cuero español | 291 |
| Confusión | 293 |
| Mercado | 295 |
| Corrupción del artista | 297 |
| Cera | 299 |
| El bolso | 301 |
| Laboratorio de la Melancholia | 302 |
| Resplandor | 304 |

Pequeños ultrajes ........................................306
Irreal ..............................................308
Hiroshima Nagasaki..................................310
Niña congelada ......................................311
Revelación ..................................................313
Índice..................................................317

**Isla Correyero** nació en Extremadura. Ha vivido en pueblos y distintas ciudades españolas. Desde los 16 años vive en Madrid. Cursó estudios de Danza, Ciencias de la información y Puericultura. Actualmente trabaja como coordinadora de guiones de cine y TV , aunque su gran trabajo y pasión es la Poesía. En el año 2000 le fue concedida la Medalla de Honor de su Colegio Mayor Universitario Isabel de España, Madrid.

**Publicaciones poéticas :**

*Cráter*, 1984, Colección provincia , León. *Lianas* , 1988, Hiperion, Madrid. *Crímenes*, 1993, Libertarias, Madrid  *Diario de una enfermera*, premio ciudad de Córdoba 1997 , Huerga y Fierro, Madrid. *La Pasión*, Finalista premio poesía mística

Fernano Rielo 1998. Ex - Libris *Amor tirano*, Premio Hermanos Argensola 2002 DVD , Barcelona. - Es la autora de la *antología Feroces*. 1998 DVD, Barcelona. Ha publicado diversas plaquettes. Ha sido antologada, entre otras, en *Las diosas blancas*, Hiperion y *Ellas tienen la palabra*, Hiperion.

Ha dado recitales e impartido talleres de poesía en España, Venezuela, Ecuador, Argentina, Canadá y Holanda. Por variadas causas editoriales no ha publicado en estos once últimos años.

Tiene 4 libros inéditos. Uno de ellos es una ópera, Divorcio (*Hoz en la espalda*), que se representó coralmente en el teatro Juan Del Enzina, de la Universidad de Salamanca 2013

Una de las razones fundamentales por las que ha decidido crear su propio sello editorial, Inspirar Expirar ediciones, autopublicándose extensamente. Así como para poder publicar a otros poetas de su gusto y ética.

Este libro
se terminó de editar
al cuidado de inspirar-expirar
el 31 de Enero de 2014
en Ceutí

www.ingramcontent.com/pod-product-compliance
Lightning Source LLC
Chambersburg PA
CBHW032056230426

**43662CB00035B/428**